# 燃燒的年代

## 獨立文化、青年世代與公共精神

張鐵志　著

# 目錄

## 輯四——對話

〔推薦序〕

# 從憤怒出來的搖滾

劉克襄

前些時，在松菸湖畔的閱樂書店舉行新書《虎地貓》發表會，鐵志剛好是顧問，順道過來致意。會前閒聊，他詢及台東友人顧秀賢。進而提到一九八八年元月創辦的自立早報副刊，對他青少年時代的影響，我才恍然悟起此段歲月。

當時我和秀賢等人負責此一副刊的編務，主採文化評論路線，約集諸多相關寫手，針對社會時局、城鄉發展和歷史風物等面向，提出各類包羅萬象的建言。出身環保運動的我，嘗試著把副刊帶向另一個可能。不僅僅是文學家創作發表的園地，同時也能成為各階層知識份子表述意見的場域。

如今推算，那時的鐵志還在讀書，一個生澀、早熟的藝文少年，可能被搖滾音樂和鄉土文學略略啟蒙，但在社會體制的劇烈崩解下，早熟的靈魂也具體感受到時代即將銳變。我們的副刊不同於一般文學副刊的內涵，或許也幫他打開過一道眼界。時隔煙遠，我常奔走於野外和鄉鎮部落，早已忘記這一副刊跟我的關係，或者回顧當時可能帶來的意義。不想，他仍記得此一園地，同時充滿啟發的感懷。

當時編此副刊，報社高層對此路線多少是充滿疑慮，希望仍舊以文學為主體。但我以為時代不同，應該展現多樣文化論述，提供更多思考論辯，何況當時自立晚報副刊已走出鄉土文學重鎮的格局，早報更該摸索新方向。

當時若有些小扞格，無疑是來自這類的質疑。但我還是編得興致昂然，尤其是創刊後不久，陸續聽到這類外界的支持聲音。但時隔近一甲子，還有人慎重提到，讓人不覺得眼睛一亮。彷彿當年編此副刊，還有這樣一位年輕人被啟蒙，似乎就值得了。

或許，對很多不滿體制的年輕人來說，這樣一份不時帶著憤青質地，對主流威權文化充滿反抗的園地，好像是滿潮前夕，最早到來的第一波浪潮。當潮汐衝抵一個青少年的腳踝，自是讓他感到新奇。

但我從未想到，如今換他成為造浪者，我成為佇立海邊的人。當年的海洋，換他來興風，在晚近的社會運動裡，掀起一波波時代的新浪潮。鐵志的敏銳觀察，以及激進的理想實踐，化作多樣的精采論述。彷彿轟隆巨浪，不斷在我眼前翻滾。

本書結集的內容，都是當今發生的重要文化和社會運動議題，台灣、香港和中國，我們共同關心的三大區塊，鐵志以更年輕更貼近的睿智視野，全面介入。不論編輯策劃和書寫，關心向度常能嫻熟地涵蓋整個時代不同區域的文化脈絡和屬性，進而適時提出分析和看法。那是一個過往七〇年代副刊主編如高信疆才擁有的高度，又彷彿混搭了哪吒三太子的青春叛逆。

我的共鳴特別強，或許也緣自於這一港中台三個地區的高度重疊性。在台灣，許多社會運動和環境議題上，我們幾乎都是站在同一陣線，譬如反國光石化。當然，更多是他成為第一線反對者，我只是站在後面搖旗吶喊。在諸多社會運動的議題，最讓我大開眼界的，或許是他最拿手的，以音樂結合政治的論述和實踐。重金屬、流行搖滾結合本土音樂。那樣憤怒帶來的聲音，澎湃嘹亮地常讓我浪漫的以為，整個時代已然來到翻轉的臨界點。

香港又是一個視野的高度。二〇一〇年後，在社會經濟環境的變遷下，香港市民在生活上產生很多矛盾。梁振英當選特首，港人更確定一國兩制已經變調。年輕人的茫然和土地認同，還有各式各樣家園環境運動的保護，都在此時一併爆發。

當香港開始浮躁不安，我們是少數身在其中，最密切注意這一波波社會運動的台灣作家。鐵志因為妻子為港人，常在港台間來去。我在香港，則因作家訪問和教書，長時旅居。鐵志在香港主編《號外》，正好是我積極宣揚香港郊野信念時。他的香港觀察更讓我清楚地靠緊這個城市，從多元的角度觀察它的未來。甚而，從這個城市的位置，觀看中國的龐然，以及跟台灣的互動。

這樣不循過往本土文化的變革，把台灣當下的狀況和世界緊緊接軌。鐵志跟許多年輕的文化工作者一樣，灌注了許多新的思維和實踐創意。前年結束香港編務，回到台灣，他的活動面向更加寬廣。個人寫作也好，經營媒體平台、獨立書店亦然，乃至參與網路新媒體的創辦，他都繼續嘗試搭建一個更深刻多元的公共領域，推動在地思想深化的可能。這本書的結集，當是了解此一階段的重要指南。

但乍看彷彿成功，彷彿是文化大前鋒，時代不盡然是站他那一邊，或者可以適時地提供他盡情發揮才情的空間。以前在一些聚會場合，我曾試著推舉其擔任政府要職，或者擔任重要媒體的負責人，怎奈都遭到相關單位的委婉推拒。我才訝異整個社會對他的理想信念仍充滿猶疑。

理由或許不少，但直白的原因只有一個，聽到他的名字，彷若聽到文化小太保那般驚悚，隨即有一種害怕。他們不擔心鐵志帶來新的視野，新的創意發想，只是怕他也顛覆既有的基礎。

鐵志彷彿代表著革命，最容易推翻體制的危險知識份子。或許，他太憤怒了，但社會依舊溫和。拒絕者並非不知，時代已滾向鐵志那兒，只是不以為，社會應該如是快速進展。但鐵志比我們更接近那要求改變的脈動，他在第一線，清楚掌握年輕人的渴望。同年級的人，也只有少數像他，擁有全面的高度視野，跟當代的時代潮流熱情對話。不斷地以合理的創新，衝撞社會體制，試圖走得更好。我們的猶豫有時是理智、成熟的，但也常像絆腳石。

就不知哪天，鐵志若有公職的機會，他的信念透過社會公器實踐時會是何等情景。或者，他永遠在民間，反而更能朝理想的方向實踐。

〔推薦序〕

# 文章淑世，公器兼達天下

陳冠中

二〇〇四年中，取得博士候選人資格的張鐵志「飄移出學術軌道」，開始了他以筆為幟，在「公共領域」評論公共議題的生涯。幾年後，他在台灣的筆耕，吸引到一群銳意求變的大陸媒體人的注意，邀他「進入中國的公共領域，認識更多媒體人、文化人和異議份子」，並在當時最開放的重要報刊如《南方都市報》、《東方早報》、《新京報》、《南都週刊》、《鳳凰週刊》、《讀庫》、《財新新世紀》等版面上，發表政論、書評、樂評文章。本世紀的第一個十二年是大陸思想傳媒、公共領域、公民社會較為活躍的階段。

我認識鐵志的時候，他已經是一位足跡遍兩岸、甚受大陸傳媒注意的新銳評論家，也即他自己所說的「中國公共領域的活躍作者。」我們同屬一個三地知識份子的谷歌郵件群組，並有許多傳媒界、學術界的共同朋友。價值觀和世界觀方面，我認為我們堪稱同路。

但時代是倉促的，究竟這已是公共領域日益崩壞的年代，也是公共知識份子處境江河日下甚至有人身風險的時期。我欣賞鐵志的是，他對此趨勢看得很清楚，但卻沒有放棄或只獨善其身，仍選擇兼達天下，他說：「台灣主流媒體的墜落速度讓人難以想像，而中國媒體的言論空間則不斷緊縮」，「我成為一個敏感人物。」一個年輕公共知識份子有這樣的堅毅淑世精神，知其不可為而為之，難能可貴。

二〇一二年，他受聘出任香港《號外》雜誌主編。在他到港履職那天下午，我安排了他與《號外》一眾元老、現任出版人以及編輯一起茶敘。這是我作為退休老號外人的唯一貢獻。隨後幾年的香港社會翻天覆地，而鐵志不負眾望，義無反顧的帶著酷愛弄潮的《號外》再度走到時代的尖端。

兩年半後，回到台灣，他繼續以文章為思想武器，同時以時政網媒、問政視頻以及書店空間為社會公器，矢志「拯救台灣的新聞，重建台灣的媒體公共領域」，堅定地「與這個時代肉搏」，將脆弱的公共領域公知事業進行到底。

像鐵志這樣能夠近距離接上台灣、大陸、香港的「地氣」，並對三地社會政治文化都有真知灼見的健筆，並不多見——這本文集，就是說明。

〔自序〕

# 像搖滾般寫下去

這是我在台灣出版第一本關於台灣（和香港與中國）的文化評論集。在兩本書寫西方搖滾與文化的專書《聲音與憤怒》、《時代的噪音》，關於美國文化評論的書《反叛的凝視》之後，終於有了這本遲到很久的書。

《燃燒的年代》試圖描繪當下台灣文化的幾個重要趨勢：獨立文化、青年世代和公共精神，這些力量不僅改變了當代台灣文化的內涵和文創產業的樣貌，更衝擊了既有的政治版圖與經濟模式，前者包括從太陽花到二〇一六年大選，後者如這幾年興起的所謂「生活風格」產業這些在本書中都有詳細討論。簡言之，台灣的青年世代（亦即是後解嚴世代）具有更多元的價值，希望在壟斷資本和既有政治力量之外尋找新的可能，他們更具有獨立精神來追求自我實踐，也更有公共參與開放的精神，而這三者都有於網路的出現而有了更豐富的可能；或者說，這三者是網路世界應該帶來的解放力量。

但這不只是一本文化趨勢觀察手冊（雖然可以這樣用），我也試圖在不同文章中探索文化與政治和商業力量的糾葛，拆解文化背後的意識形態和權力關係，以探索一條文化自主性之路。

在這裡，我們既要拆解，也要重建，以重新想像我們這個時代的文化。

書名主標題「燃燒的年代」，是因為在過去這幾年，「獨立文化、青年世代和公共精神」在台灣和香港都引發熾熱而猛烈的燃燒：在新舊典範之間、新舊想像之間、新舊資源和權力之間的衝撞與摩擦，造成了熊熊火焰。至於中國，如我在書中描述，在〇八年到一二年之間也有幾點星火，但在過去幾年卻被暴力地熄滅。

在這個燃燒的年代中，我自己用不同的角色參與部分，並且在這過程中也從青年世代走到不再青春的「大叔」。

我最主要的認同是一名寫作者。當初從攻讀哥倫比亞大學政治學博士學位轉向寫作，是因為學術工作是對一個知識領域漫長而深刻的不斷鑽研，這當然令人感佩，但我對於寫作作為一種戰鬥具有更大的熱情——我的寫作不是虛構創作，而是關注不同知識（從搖滾樂到國際思潮到台灣政治），並以知識介入現實，去改變我們所生活的世界。因此我想要冒這個險，試試作為一個獨立寫作者、一個有機知識份子的可能性。

我很喜歡喬治歐威爾在〈我為何要寫作中〉一文所陳述的理由：

1.純粹的自我。包括向那些在你童年冷落你的大人出口氣，決心要過自己的生活到底。

2.美學的熱情。對文字和它們的恰當組合的感知，在語音的碰撞、堅實的文字、有節奏的好故事中所取得的愉悅感，希望分享自己認為寶貴而不可缺少的體驗。

3.歷史衝動。希望看到歷史的真實面貌，尋找並為後代儲存真實事件的欲求。

4.政治目的。這裡的「政治」有極廣泛的意義：把世界向某個方向推進，改變人們為之奮鬥的社會的理念。

這四個理由在我身上都有。一如歐威爾在文章另一段落的自述，我的評論也首先是立場鮮明的，希望能揭露事件背後的結構性權力，呈現人們未能見到的事實與歷史，詮釋與賦予事件和行動意義。這是我寫作最初也是最終的目的。

也如同歐威爾說，「過去十年裡我最想做的事情，是讓政治寫作成為一種藝術。」我也相信文字的美學是表達不可或缺的。我希望自己的評論文字不只是乾燥的論理，也要有散文的感性風格。一些前輩與朋友確實看到我的努力，評價我的作品為知性散文，但我知道，要走出自己風格的散文之路，路尚遙遠。

除了寫作，過去七、八年我也經歷不同媒介的媒體主管工作。我喜歡創新與改變，喜歡把每一個媒體工作都當作一場公共領域的實驗。除了年輕時代當過一兩年記者，第一份媒體主管工作是參與《旺報》創刊，擔任文化副刊主任，創辦一份每週一次二十頁的文化週報，不僅製作當代中國文化專題，且引入許多中國重要的且異議的作者（註）。然後是擔任《陽光時務》雜誌台灣總監——這是華人社會第一份純iPad雜誌，具有高度運動性和思想性。二〇一二年秋天到赴香港擔任《號外》雜誌總編輯兼共同出版人，把這份香港傳奇文化與時尚媒體變身為更有文化深度和社會介入性格，以及參與創辦《彭博商業週刊／中文版》（和《號外》同公司，所以同時身兼籌備創刊工作和初期編務），再到二〇一五年回台參與《報導者》和《政問》的創辦（詳情見本書）。這過程讓我幾乎參與各種形式和內容的媒體，但對我來說，本質都一樣，就是回到本書副標：希望更與新世代對話、更昂揚多元獨立文化，更深化公共精神。

從大學積極參與學運以來，這二十年來也參與許多公民運動。尤其是在過去十年，開始以藝文界身分和朋友們一起參與關注野草莓學運、三鶯部落拆遷、反對國光石化、反核、反美麗灣等等，另方面也和另一群藝文界朋友關注文化政策，在二〇一一組成「文化元年」，舉辦了總統大選三黨後選人文化政策問答會——這是台灣史上第一次總統候選人針對文化政策提出政見、並接受文化界提問。

二〇一四年年底，我被藝文團體推薦參與台北市長文化局長遴選，目的就是希望把這幾年累積的文化能量和理念帶進公部門，以重新想像文化政策，並很榮幸獲得遴選委員票選最高票。雖然最終無緣，但民間還有太多文化工作可以開展，我也沒有一刻停下腳步。這本書可以說是這幾年思考與實踐的部分集結。

我是一個搖滾樂迷，搖滾始終是我心中那把不滅之火，讓我可以不斷勇敢去冒險、去衝撞、去顛覆式創新。克襄在推薦序中所說「文化小太保」或許誇張了些，但是我的寫作和工作態度確實是搖滾的。回首大學畢業來這二十年的工作，離開哥大當然是一個最大的冒險，我的寫作主題也大部分是走人少之路：不論是音樂與政治，另類文化與社運，中國人權與香港政治，起初都是寂寞的議題。我的媒體之路也多半不是在舒適圈，而是去創造與改造。說到底，還有一個中年大叔心中對改變世界不斷燃燒的天真與熱情。

這是搖滾帶給我的生命態度。要像一首搖滾曲般寫下去，像一首搖滾曲般活出自己。

註：這需要特別說明。二〇〇九年初，旺旺集團剛買下中時，人們尚在觀望。創刊總編輯黃清龍先生請我加入《旺報》擔任文化副刊主任，我當然不會來頌揚這個政權，但天生有點反骨的我決定接受挑戰，主要是因為總編輯允諾我可以辦一份週日的文化週報。英美等國報紙的週日版，都是重視文化與與思想內容，即使中國的好報紙都是如此，但台灣媒體週末只有休閒娛樂，這是我一直希望改變的。更何況，我熟悉許多中國的優秀作者（許多當然是異議份子），讓他們在台灣媒體上提出對中國的批判與反思（如廖亦武、余杰、滕標等）更有意義。但是，籌備期半年紅線尚不明顯，創刊兩個月後，蔡老闆就對我的部分有意見，我當然不願編輯自由受限，只能選擇離開，回到一個獨立寫作者身分。

〔自序〕

# 說明與致謝

要特別說明的是，本書文章主要集中於文化觀察與批評，並未包括純粹政治分析，也沒有收入很多音樂討論的文章，因我計畫那是另外兩本書，一本是關於台灣民主的歷史與反思，一本是台灣版的《聲音與憤怒》，這都是我放在心上多年的寫作計畫。另外，收入本書中的文章都不是具有時效性的，而是觀念的提出、歷史的考察，且每一篇都重新改寫與潤飾過。

感謝這些文章曾經刊登過的台港中各主要媒體和國際媒體（包括《華爾街日報》中文網和《金融時報》中文網），我在台灣寫中港是希望讓台灣讀者更理解這兩個重要鄰居，而我也大量在香港媒體寫香港、在中國寫中國（雖然常被禁），這代表這些文字能與當地讀者對話，格外有意義。

謝謝印刻總編輯初安民先生總是支持我、鼓勵我，可惜這幾年喝酒機會少了些

（XD），也謝謝認真的責任編輯敏菁和優秀的設計師賴佳韋。每一本書都是一群人共同努力的結晶。兩位我深為敬佩的前輩冠中和克襄慷慨做序，更是讓我深感興奮。

最後，書名「燃燒的年代」是Amy建議的。Amy除了是我的妻、貓寶的媽，更是我最好的朋友與最嚴厲的讀者。這本書獻給這位我生命中的精靈。

〔實踐〕

# 以寫作與時代肉搏

八〇年代中期後的十年，是我從中學到大學畢業的青春時期，也是台灣評論的黃金時代。彼時台灣剛解除長達三十八年的戒嚴，一方面媒體開放並獲得更多自由，另方面人們欲尋求更多的新知識與思潮，以理解與批判那個仍然龐大的黨國體制以及各種壓迫的社會關係，尋找台灣轉型的出路。

一時之間，百花齊放。一九八六年，《當代》雜誌創刊，成為八〇年代以後重要一份思想性刊物。兩年後，一群具有學運經驗年輕人創辦《南方》雜誌，成為當時最具激進色彩的評論刊物。老牌自由主義雜誌《中國論壇》幾度換人主導後，也更與當下對話。九〇年代初，另一群宣稱邊緣激進的知識份子和文化人成立了《島嶼邊緣》，提出「酷兒專題」等新議題。有趣的是，《當代》創刊號人物是法國思想家傅柯，《島嶼邊緣》創刊號是義大利左翼知識份子葛蘭西。顯然，那個時代，人們仍然借用西方左翼思想作為批判的武器。

在那個黎明乍現的新時代，台灣出現一種新的文類：「文化評論」。和過往意見性的評論性文章不同，這類文化評論更以學術性理論（尤其是左翼批判理論或者文化研究理論）為基底，去揭開政治、文化或社會關係背後的權力機制與意識型態。這些文章的戰場除了上述那些雜誌，也會在部分報紙版面如當時屬於新銳力量的《自立早報》。

於是，一個新銳作者楊照把他的評論結集叫做《流離觀點》，另一位在學院任教但經常在媒體上寫文化評論的學者傅大為結集出書叫做《基進筆記》。這是那個時代的姿態：邊緣、游離、激進、反體制。

這些文化評論成為青春的我進入知識迷宮、認識劇烈變動的台灣的重要大門。

作為一個知識青年／文藝青年，我們當然也想對世界吶喊，因此在社團搞起自己的刊物，在上面寫下我們剛學到的理論、裝進剛灌滿的激情：從抽象的民主理論，到學生運動的前景，到林強與王家衛。這份我們自己辦的校園刊物《萌芽》，僅此一期，卻為我打開寫作生涯的大門。

一九九五年我大學畢業，一位在《新新聞》工作的前輩約了我和一起搞《萌芽》

的同學喝咖啡。《新新聞》週刊屬於解嚴期的時代產物，在一九八七年由幾位新聞界的重要人士（現在都是巨人）創辦，深入報導街頭運動和政治幕後，獲得了巨大的影響力。但是到九〇年代中期，隨著禁忌越來越少，報紙資訊越來越多，週刊也越來越難和報紙競爭，《新新聞》因此遇到瓶頸，希望吸引年輕一代的讀者。

因為看到了我們在大學時代的刊物，他們邀請我們在這份當時最重要的新聞週刊上開一個年輕人看世界的專欄，名稱叫做「X世代說話」。於是，就在我開始讀政治學碩士研究生的第一年，一九九五年秋天，我開始了人生第一個媒體專欄。

那確實是一個青年文化正在爆發的時代：例如搖滾音樂節開始從台北到墾丁出現了；想要作為台灣Village Voice（紐約知名另類媒體）的《破週報》創刊了；我的一個同學則開了一家帶著女性主義色彩、後來成為台北live house重鎮的餐廳「女巫店」。不久後，我從「X世代說話」轉成不定期幫《新新聞》寫一些國際思想動態。

從小是搖滾樂迷但從來沒想過寫樂評的我，在音樂雜誌上看到西方搖滾樂手如何介入現實政治的新聞，引起了我很大興趣，開始偶爾撰寫這方面議題，不論是搖滾樂與新工黨，或者Coldplay與公平貿易。畢竟政治學是我的專業，我希望這些文章可以為中文讀者補充搖滾樂的政治知識。

同時，正在讀政治學研究所的我，學到了許多政治經濟理論，思考著如何把這些理論用在對台灣具體問題的分析上——彼時的台灣正被族群政治、金權民主、憲政改革等種種問題所糾纏。畢竟，我之決定攻讀政治學，就是希望知識可以幫助我們理解現實的政治經濟制度，為台灣找到前進的方向。

尤其作為一個大學參與過學運，並一直希望可以介入社會變遷的熱血青年來說，深信知識不應該被閉鎖在象牙塔中，而是可以在公共領域中展現力量。

我的第一篇政治評論投稿是討論核能電廠的決策不應陷入科技專家統治的迷思，而應納入公民參與。第二篇文章提出台灣的政治轉型強調忘卻悲情時，不應遺忘過去的人權侵害，並引用政治學文獻強調「可以原諒，但不能忘記」（彼時「轉型正義」這概念還不流行）。通常這些民意論壇的論述版面是只給專家學者或政治人物，這兩次竟然都以不小篇幅登出我一個年輕研究生的文章，很受鼓舞。此後開始陸續不定期投稿政治評論。

但時代正在快速地退潮。隨著台灣的形式民主慢慢落實，人們的政治熱情從反抗轉為黨派對抗，隨著全球化與市場化成為時代精神，媒體越來越瑣碎化與八卦化，飢渴於更多吵雜的噪音——電視上開始出現名嘴談話秀。於是台灣在八〇年代到九〇年代中期剛開始壯大的公共論述領域逐漸萎縮。

在這個輕盈的時代，媒體追求更聳動的報導、更瘋狂的聲音，深度評論與報導彷彿成為毒藥。

九〇年代後期到新世紀初期，我雖然偶爾為媒體寫稿，但只能算是業餘的寫作者，心力主要還是在學術研究。二〇〇二年我去紐約哥倫比亞大學攻讀政治學博士，原本計畫在出國前的夏天出版書寫西方搖滾與政治的書，告別我的青春搖滾歲月，從此好好進入學術生涯，但書來不及寫完，只能帶去紐約繼續努力。

二〇〇四年五月，考完博士資格考，在台灣出版第一本書《聲音與憤怒：搖滾樂可以改變世界嗎？》，書中討論搖滾樂如何從誕生起影響不同世代的青年，如何介入具體的政治社會鬥爭，議題涉及反戰、同性戀、環保、第三世界貧窮、死刑、英國新工黨等等。出版社和一些朋友都不太看好這本書的市場，他們認為這是好書，但是冷門。他們說，這不是八〇年代末的台灣。

然而，書出版的第二個月，我同時接到台灣兩大報紙的專欄邀約，一個是《中國時報》時評版，另外是《聯合報》文化副刊。同時，《聲音與憤怒》竟然很快再版、成為一本被熱烈討論的書。逐漸地，我展開了寫作生涯，並且一步步飄移出學術軌道。

因為對強烈想要改革社會的我來說，當你批判權力、當你為弱勢發聲時，寫評論是一種游擊戰，尤其看到台灣公共領域的崩毀，自然會希望自己的文章可以是那微弱但有力的磚塊。

但這真的是一場與退潮的時代激烈的肉搏戰。當你想要以思想和文字介入這個崩壞的時代，崩壞的力量卻比你更為凶猛地反噬。

曾經在九〇年代影響我們這代青年的所謂「文化評論」文類，此時幾近消失了，因為媒體沒有空間，不能孕育新一代的評論者。一位學長甚至開玩笑說我晚生十年，因為現在不流行這樣的文章。但問題不在於我是否生不逢時，而是整個台灣的危機：民主化辛苦地前行二十年，但我們的公共論述領域卻在成熟之前就已經蒼白了。

我只能持續地寫，甚至放棄了論文寫到一半的博士學位，摸索成為一個民間的、有機知識份子的可能。同代人中有許多出色的文學作者，但卻少人以寫評論作為志業。我似乎成為這個貧瘠時代中我同世代的倖存者。

而且，我的寫作走的一直是人少的路。我出版《聲音與憤怒》之前，很少人關注音樂與政治或抗議；我在報紙民意論壇版不是寫國際新聞就是寫本地社運等非主流題材；〇八年之後，我開始寫中國的人權，寫許志永、劉曉波，成為台灣主流媒體幾乎唯一在持續關注這些議題的作者；又兩年後，我開始寫香港政治與社會。要到幾年後，這些問題才被更多人關注。

我只是幸運地有機會接觸到這些議題，並且幸運地有媒體願意刊登這些冷門題材的文章。但這是一條寂寞的路。

同時，我在新聞媒體上寫政治評論，也經常受邀在文學雜誌和文學副刊上寫文章，這也使我出現認同困惑：不寫小說、不寫詩、不寫一般認知的散文，但我會被稱為一個「作家」——我感到惶恐。又或者我雖然寫很多音樂文章，但我不太寫音樂專輯評論（也不懂音樂），卻常被稱為「資深樂評人」——我感到焦慮。

但正是這樣的跨界嘗試，讓我感到自由：在政治與文化／音樂之間，評論與散文之間，寫作與行動之間。

在二〇〇七—〇八年左右，我在台灣已經出版了第二本書《反叛的凝視》，時代又替我打開另一道門。

二〇〇七年左右，一位中國知名樂評人看過繁體版的《聲音與憤怒》，邀我在他擔任主編的《滾石》（*Rolling Stone*）雜誌中文版的《音樂時空》寫文章；不久後我也開始在《南方週末》副刊寫專欄、在《南方都市報》寫關於台灣的政治評論。

二〇〇八年，《聲音與憤怒：搖滾樂可以改變世界嗎？》在北京貝貝特／廣西師大出版社出版簡體版，我開始進入中國的公共領域，認識更多媒體人、文化人和異議份子。接下來幾年，我在許多中國重要刊物上寫從政治到書評到音樂專欄：《南方都市報》、《東方早報》、《新京報》、《南都週刊》、《鳳凰週刊》、《讀庫》、《華爾街日報》中文網、《新世紀》、《Q音樂雜誌》、《週末畫報》、騰訊《大家》成為中國公共領域的活躍作者。

二〇一二年又是個轉捩點。

因為反旺中運動，我辭去寫了十年的《中國時報》專欄；因為搬去香港擔任《號外》雜誌主編，我的專欄寫作時間減少了；更因為中國進入新政權，而我在中國的寫作和演講一向是以一個批判性公共知識份子的角色，所以我成為一個敏感人物。

台灣主流媒體的墜落速度讓人難以想像，而中國媒體的言論空間則不斷緊縮。但另一方面，網路和社交媒體以及更多新媒體的出現，鼓勵了更多人開始寫評論，並且讓深度評論有可能出現。今天，我們似乎來到一個百花齊放的新年代。

我自己則在曾經大量地專欄寫作之後，目前我停去大部分的固定專欄，希望寫更多長篇的文章，並且在過去幾年也把力氣花在媒體經營上，希望去建立一個平台，為更多寫作者打造一個好的空間。

不過，即使我同時做很多事：媒體編輯、主持節目、經營書店、策劃活動、參與社運等，我一直認為我的核心認同與工作就是一名寫作者。

我期許我的寫作能洞察我們的世界，詮釋時代變動的意義，捕捉歷史的理性與感性，並最終鼓舞人們起而行動。

因此，必須要繼續與這個時代肉搏下去。

〔實踐〕

# 新聞媒體的新實驗

## ——《報導者》與《政問》

在八〇年代後期的解嚴前後，台灣終於在幾十年的黑暗後，出現一個相對活躍的媒體公共領域，有專業新聞雜誌如《新新聞》、以報導文學和紀實攝影為主的《人間》雜誌，還有思想性刊物如《當代》、《南方》，而一九八八年的報禁開放，九〇年代中期有線電視開放，出現許多新的媒體，彷彿繁花盛開。

但這不過是短暫的高潮。

如同整個台灣歷史的縮影，八〇年代到九〇年代的民主化在理論上會解放人民力量，建立起一個更堅實的公共領域，但這也同時是一個新自由主義的時代，商業力量開始吞噬一切。於是，媒體作為新生的公共領域還沒成熟發展，就被商業邏輯和消費主義所嚴重侵蝕。

除了商業邏輯，九〇年代之後，台灣的主流媒體還受到幾大挑戰：

其一是日益激烈的藍綠衝突，讓各媒體高度黨派化，立場高過專業和事實。國外媒體或許有自己的政治價值，但是報導上可以維持專業，台灣媒體卻常常淪為政治工具。

其二是壹傳媒因素。香港壹傳媒在二〇〇一年在台灣創辦《壹週刊》，帶來全新的媒體文化，以更刺激眼球、讀者最愛的內容作為主要內容取向，台灣其他媒體紛紛仿效，讓媒體更加娛樂化。（但公平的說，壹傳媒相對於其他媒體反而比較藍綠中立，也有更多認真調查報導。）

其三是所謂中國因素。二〇〇九年，旺旺食品集團買下中國時報集團，由於旺旺與北京政府的關係，《中國時報》從一個自由派的報紙被視為大幅傾中，老闆蔡衍明也屢屢發表相關言論，因此在二〇一二年引發一波波反媒體壟斷運動。

其四是面對網路時代資訊迅速的流通與傳播，不理解網路生態的老一輩主管，把衝流量作為最高準則，開始大量生產所謂「即時新聞」。一來這是不鼓勵記者去進行有品質的採訪，而只是用 KPI 要求他們生產數量，二來這些即時新聞大都不重視 fact-check，只強調標題聳動來增加點擊量。這使得台灣的主流媒體更全面走向崩壞。

更嚴重的是思考怠惰與想像力的貧乏。其結果是，媒體的八卦化、瑣碎化、黨派化、單一化。

然而，媒體對於民主生活是具有關鍵的地位，因為民主的本質是公民可以自我決定公共事務，這就意味著公民必須有充分的資訊——不論是對於公共政策或者對掌權者，因此他們才能進行討論、審議，並監督他們透過選票授權的掌權者。在當代工業社會中，媒體就是提供公民這種資訊的最重要機制，他們必須去挖掘議題、針對公共議題提供充分資訊、提供不同觀點的討論，建構起一個重要的公共領域。

媒體的崩壞，只會讓公民失去公民精神，讓民主貧乏而蒼白。太陽花運動就是要抗議台灣民主的異化，是年輕世代要重新奪回他們的公民身分。

不過，年輕世代占領國會正是因為主流媒體雖然問題重重，但他們正被迅速揚棄。過去幾年，網路與社交媒體時代的來臨，徹底改變了資訊的生產與流通的面貌，這些新的傳播工具讓新世代開始更能推動各種新價值和新力量，而傳統主流媒體只能腳步蹣跚地尾隨其後對話。

這是台灣主流媒體的悲哀：他們依然喧譁，依然掌握了某種話語權，但是其實正在被推翻。另一方面不少新的新聞網媒雖然有心，做法卻仍不脫傳統主流媒體，還在

1.0階段，沒有意識到技術的變化已經讓新聞有更多不同與讀者互動、讓公民參與的可能。

再者，台灣社會這幾年出現巨大的典範轉移，亦即出現了新世代、新公民、新價值，甚至新的美學（看看那些文青雜誌），但是傳統主流媒體（不論平面、電子或網路）似乎落後於時代的轉變。

這是為何我在二〇一五年春天從香港回到台灣，和朋友們一起創辦一個新的網路媒體：《報導者》。自己的新聞自己救，我的夥伴何榮幸這麼說。

我們的想法是打造一個非營利的，且以公共議題、公共利益為核心的媒體。具體來說，第一、我們以深度調查報導為主，尤其是強調寫作技巧。雖然一種主流看法是說在網路讀者不喜歡看長文，但我相信文章沒有長短問題，只有好壞。經驗上，許多深度長文，不論是報導或是評論，都引起很大影響力。

第二、作為新媒體，我們要致力於許多新的互動技術、資訊圖表，影音呈現。畢竟網路世界應該是讓我們打開多種說故事的可能，而不是反而自我限制成一種可能：一定要輕薄短小、一定要腥羶辣口。

第三、重視視覺美學。好的版面設計和影像能讓深度文章更吸引人，更遑論每個世代都有屬於他們的感性（sensibility），這是媒體或創作者要能去掌握的。

《報導者》從宣布成立到正式上線，確實吸引了不少期待與關注，也證明這個新媒體的理念與實踐為台灣打開了一點點的可能性。且《報導者》之外，還有其他幾個網路新媒體一起衝擊改變新聞媒體生態。然而，電視或影音的新聞媒體卻是毫無改善。人們談OTT將如何衝擊台灣既有電視媒體生態，卻很少談如何自製有品質的內容，尤其是有思想性、公共性的節目。

二〇一五年底大選前，一群網路、設計、新創、新媒體圈的朋友深感面對即將來臨的總統大選，不能沒有關於台灣未來的重要政策討論。

因此有了《政問》這個節目。

這個全新的節目從無到有只花了三週籌備，參與者包括知名的設計公司、攝影師、圖表製作公司、網路駭客、網路新聞媒體，與台灣最大的直播網站。第一季所有個人和公司都是義務參與，沒有人收任何一分酬勞，但做出了許多人認為從製作品質到內容都是台灣少見的優質節目。

這是台灣的公民精神。

節目型態是每週一次在網路上直播，由主持人（我）進行深度訪談與提問，來賓都是重要的政策專家、意見領袖或官員，節目後半部則由網友直接於線上提問。此外，我們希望觀眾可以先對政策有一定了解，因此會先在網路上提供的可愛資訊圖表的政策懶人包；我們也希望了解觀眾對於政策的不同偏好，並且尋找不同意見之間的共識，因此有了「polis」這個機制；我們更用全新的視覺語言，最酷的設計美學，與年輕世代溝通。

從內容到技術到美學，都讓《政問》成為一場媒體的新實驗（內容的深度訪談是古典的，但這樣的古典在這個時代不也是稀有的？），也是一個真正的獨立媒體。

人們早已厭倦了政治淪為無意義的喧譁與爭鬥，期待著政治人物對台灣的關鍵議題提出具體方案，展開豐富的辯論；我們也相信總統與國會選舉不該只是政治人物的權力遊戲，而是應該由全民一起參與思索與決定，因為這是關乎台灣所有人的未來。

《政問》的目的是為台灣的未來提問，因此我們期待每一個來賓都能有他的政策解決方案。當然，這樣一場對話不可能是問題的最終答案，一個來賓的方案也不可能代表各種立場，但關鍵是，從這個對話出發去燃起更大的火花，讓更多新世代公民關注與了解我們的公共生活。

這個節目在兩季下來，沒有受到台灣媒體的任何關注與報導，但培養出一群信任和欣賞我們的觀眾。在二〇一六年九月，被視為全世界最酷的雜誌Monocle在專題「電視的未來」中，以三頁大幅報導《政問》，是整個專題中份量最多的。

《政問》當然未必真的能向全世界宣揚電視的未來，但起碼這場實驗讓台灣乃至世界看到一種不同的可能性，一種結合了古典式政策訪談與新媒體所蘊含的公民參與精神，一種在這個數位時代建立公共領域的的探索。

當然，這場實驗還沒結束，我們只繼續在迷霧中尋找光亮。

〔實踐〕

# 用書店進行一場文化革命

1.

獨立書店是這個昏暗時代的燃燈者，他們傳遞著思想和文藝的火光，進行著對時代不合時宜的抵抗。

所謂獨立書店的基本意義，是每一家書店都是店主人個性與態度的反映，一如對所謂獨立電影或獨立音樂來說，創作者們不是追逐潮流，討好市場，而是要表達他的內在精神。因此，獨立書店（或其他獨立文化）是在主流之外拓展我們的視野，讓這個社會具有更豐富多元的可能性，而不是只被一種品味、一家公司來決定我們看什麼、聽什麼，或者吃什麼。

或許，獨立書店中大多數販售的書在主流書店也有，但不同獨立書店的存在本身，就展現了不同的生命風景。

不論在台灣或國外，過去幾年有越來越多獨立書店出現。在台灣，整體書店數字是不斷下降，但是人文性格的獨立書店卻在島嶼的許多角落緩緩浮現。

這些書店往往不大，以各自的優雅，帶著尊嚴挺立在安靜的巷弄中或者吵雜的馬路邊。這是因為，總有人不願意放棄對於書本的信念，並且，越是在一個被code決定的世界中，人們越渴望更真實的互動。書店讓人與書的物理質感可以相遇，讓人與人的思維電波可以交流，讓人們在世界被冰凍時感受到火與光的溫度。

尤其，這些獨立書店往往不只是書店，也是社區的文化活動中心，讓書的討論可以和社區議題對話，讓社區中的人可以在此相聚。

## 2.

台灣的思想與閱讀世界不斷地崩壞與碎裂。這不只來於自數位化對人們閱讀習慣和產業模式的衝擊，更在於媒體的怠惰讓我們的思想貧困，習慣尋找非黑即白、非藍即綠的簡單答案，讓我們被淹沒在瑣碎的無意義的資訊中，失去提出重要問題的能力。

因此，我們需要知識的力量，以豐富我們思考的方式、進行價值的對話、穿透事物的表面、尋找前進與改變的可能。

當然，出版業日益艱難，每年出版品迅速萎縮，但核心問題不只是於出版的量，而在於那些真正的好書能否被看見、被討論。

台灣的出版困境之一在於大眾媒體沒有好的書評書介。以往幾大報紙都有幾版書評版，但近來連最後一個重要的報紙讀書版面〈中時開卷〉都被削弱成只剩一版。其他平面或網路媒體或者有書訊或作者訪談，但缺乏以書展開的深度討論，不像〈紐約書評〉、〈倫敦書評〉，或甚至〈上海書評〉。

每個月，我們仍然有許多好書不斷被出版，但這些書需要更能被閱讀與討論，需要和當下現實產生關聯。

或許，這是書店可以扮演的角色。

## 3.

我自己從來沒想過開一家書店，只想做書店最好的朋友。

直到今年一月，我有機會參與一間書店的經營，讓我可以在這個書店中實踐我的想法。雖然，如同我過去幾年參與或創辦的幾個媒體，此前我並無相關經驗，只能靠著信念與實驗精神惶恐地前行。

這個位於松山文創園區內的書店，閱樂書店，是一間非常美麗的木造建築，小屋前方是一座小小的湖，側面被綠色大樹掩蓋著，宛如一座城市中的魔法小屋。

其實，每一家書店都是一個魔法城堡，因為每一本書都是一則神奇的魔法：透過書本，我們可以漫遊世界、可以知道宇宙運行的奧祕、可以深入人的心智和感情。

那是知識、思想與文學的力量。

一開始，店中的每一本書都是由我選出，集中於文藝（音樂電影建築攝影建築表演）、文學、思想與社會科學，還有許多特殊的獨立出版物和社區文化誌。

閱樂書店不止是一間書店，也是一座創作者的咖啡屋——這既是現實考量（書本利潤確實太低），也是因為希望這個世代的創作者們以及所有文藝愛好者，可以在這裡思考、寫作、討論。

小屋前身在松山菸廠時期是一個育嬰室，我們希望呼應這個歷史背景，但轉化為一個孕育當代思想與創作的場所。

從某個角度來說，在書店進行關於書的討論會，何嘗不是書評的概念？讓書的作者可以與評論人對話，讓書的議題可以和現實激盪。

這也是我們當初的願景：A Birthplace of Ideas（一個思想的孕育之地）。

## 4.

然而，作為一個寫作者與愛書人，我所在乎的不只是閱樂這一家店，而是希望更多獨立書店可以發出不同的光亮。

事實上，台灣許多獨立書店（加上其他獨立文化空間）構成的網絡，正在一點一點地影響著台灣的閱讀與出版，正在改變台灣的思想地圖，甚至正在進行一場不寧靜的文化革命——如果「革命」指的是意識與價值的轉變。你聽到翻動書頁的聲音了嗎？

不過，革命需要民眾的支持：所以，請讀者們每次去所有獨立書店，都能帶上一本書走。

# 輯一——台灣

# 文化起義：用想像力奪權

二〇一五年十二月三十一日，我和許多文化界的前輩與友人在宜蘭的百果樹紅磚屋參加一場很特別的跨年晚會。這裡是由文學大師黃春明經營的咖啡／劇場空間，由於縣議會批評縣府一年九十八萬的補助，因此他們決定在這晚熄燈。今晚，這個小小的空間擠滿了外來與在地的人。不過在聲援活動與媒體報導後，百果樹會繼續經營，縣府並考慮轉型做成黃春明文學館。

很難得的，這個事件登上了二〇一六年一月一日幾份報紙的頭版新聞，旁邊是除夕夜絢麗煙火的照片。百果樹與跨年煙火兩則新聞的並列，成為我們這個時代的文化現象的最好譬喻。

這場名為「文化起義」的聲援行動是深具意義的，因為這代表台灣的政客長期來如何漠視、甚至蔑視文化的意義，更代表了文化人彼此相挺與群起抗議，以捍衛文化的尊嚴。

然而，文學大師黃春明可獲得這麼多的聲援，更多的文化藝術工作卻不易得到該有的尊重與支持。去宜蘭的那個下午稍早，我去拜訪國家電影中心——有人知道這在哪嗎？絕大部分人可能不知道，因為這個國家級的中心蜷縮在青島東路老舊大廈的一層樓，這裡此前是國家電影資料中心，二〇一四年升格為這麼巨大的一個名字，卻沒有資源和硬體的提升配套：文化部一年給予的預算只有三千多萬。

這是台灣文化的窘困。

還有更悲哀的。在總統大選的三場辯論會與政見會中，沒有一位候選人發表文化政見，沒有一人提問他人關於文化的意見。

彷彿這個島嶼不需要文化。

二〇一一年，總統大選前一年，由於《夢想家》事件引發巨大爭議，民間團體「文化元年基金會籌備處」趁勢舉辦了三黨總統候選人的文化政見發表會，那是民間力量集結起來壓迫政黨正視文化政策。

那一年，文化部正式成立，似乎代表這個國家對文化部門的重視，但在台灣的政治領域中，長期以來文化議題與和文化部門比起經濟發展都是相當弱勢的：在政治競爭中，文化政策不會成為辯論的重點；在整個政府預算中，文化部只占0.8%。即使談文化，他們也更關注「文創產業」，這就使得文化只是產業的一部分。（這也正是百果樹事件的核心。

正如作家吳明益指出，「這樣一處文化空間，補助的單位是『工商旅遊處』……整個案子遂以『地方文創產業及創意競賽企劃』進行。」）

然而，文化是一個國家的靈魂，她決定了一個民族的精神與高度，定義了這個國家在世界地圖的位置。**文化是關於人們當下的生活方式，是一個社會的過去歷史與集體認同，也是人們對未來的想像與創造**。

放進台灣的現實脈絡中，此刻我們確實走到一個新的十字路口，尤其是太陽花運動體現了年輕人的挫折與憤怒，反映台灣必須面對的關鍵挑戰：民主深化與經濟創新，以及如何保衛我們的價值，而這離不開文化政策。

民主深化有賴於公民對公共領域的積極參與，而這個前提是公民有好的思辨能力。一個具有文化內涵的社會，可以讓公民的思維更豐富深刻，可以強化人與土地的連結，有助於公民文化的厚植。

以文化和經濟的關係來說，在主流政治思維中，文化的重要性遠遠沒有經濟發展高，人們應該要先吃飽吃好再來談文化欣賞。但這種思維不僅錯誤地把文化與經濟對立起來，事實上，台灣經濟產業轉型的困境正在於面對新經濟時代，長久以來代工為主的製造業模式因為不具備研發能力與品牌打造能力，所以升級困難。品牌價值來自於創造力與想像力，而工程師和設計師要能創造出獨特的典範，關鍵不只在於技術，而在於創新思考和觀點——別忘了賈伯斯（Steve Jobs）給蘋果的口號是「Think Different」，而在他們那支經典的廣告中，啟發賈伯斯的是愛因斯坦、畢卡索、Bob Dylan和John Lennon（以及反抗者如金恩博士和甘地）。換言之，蘋果之所以偉大，是因為後面有著偉大文化創新者的啟發。

所以文化不但不是經濟的對立或剩餘，反而是推動經濟轉型的力量。不論是網路產業、高科技或傳統產業的轉型，都需要有更好的創意、創造力和設計力，而這都需要心智和想像力的啟發。這就是文化政策的意義。

面對中國崛起、亞洲競爭，我們必須清楚軟實力的重要，軟實力一方面代表文化產業的實力，另方面更反映出這個國家的價值底蘊和文化內涵。

文化是思想，是價值，是美學，是生活，它一方面來自歷史的傳承與累積，另方面來自新的想像與創造。好的文化政策必須要有歷史意識，以延續這個民族的記憶、生活與故事，更要能讓文化藝術與創意工作者可以不斷萌芽茁壯、野蠻成長，才能創造出新能量。尤其是要讓這兩者結合——在這塊土地上生長出新的青芽，讓文化創造與常民生活結合，讓這個島嶼更美麗、更有活力。

這其實就是黃春明先生幾十年來從文學到兒童劇團為台灣做出的貢獻。二〇一六年，百果樹紅磚屋將會重新開始，繼續耕耘在地文化。但台灣的政治掌權者可以從中學到什麼呢？

這次「文化起義」的行動一如之前文化元年的行動，是文化界要重新奪回對文化政策的詮釋。正如台灣知名藝術家陳界仁曾經在文建會抗議現場時所說的：「在文化官僚一天不肯與文化界就整個文化生產機制，進行全面、開放的討論，這個拿回文化想像權力的抗爭，就不會有終止的一天。」

# 文化政策的公民邏輯

二〇一一年十月十日《夢想家》上演那一天，導演賴聲川和文建會主委盛治仁絕對沒想到，這個華而不實的夢想會引起如此巨大的文化與政治風暴。

許多人的憤怒是因為那個「兩億的夜晚」，但對了解台灣文化政策與資源分配的人來說，他們的不滿不只是針對《夢想家》本身，而是認為《夢想家》以及建國百年系列活動，正凸顯了近年來台灣文化治理的種種病徵，因此藝文界發起了「終結百年煙火，開啟文化元年」連署宣言，提出盛治仁下台，以及其他八項文化政策主張（本人為組織者之一）。就在連署聲明見報的當天，盛主委辭職下台。

威權時代的文化政策當然是為統治者服務，而民主化之後，民間的文化力量應該被解放，但實際上，官方的文化政策卻越來越被政治邏輯與市場邏輯主導。

政治邏輯一方面指的是政府對文化活動的補助與扶持是服務執政者的政治利益或意識型態，另一面是一種「文化民粹主義」，亦即政府為了讓民眾看到的具體「政績」，所以追求短期的、明顯可見的活動，走向煙火式、節慶式的短暫熱鬧，而缺乏對於文化方向的長遠思考與細緻累積。於是，台灣每年舉辦越來越昂貴的煙火秀、硬體建設總是高於軟體建設。「建國百年活動」正是將這個邏輯發揮到淋漓盡致，從跨年的超級煙火開始，文建會補助三百多個建國百年系列活動，總金額十七．八八億元，包括「夢想家」這個超級昂貴的政治秀。而誰都知道這些活動和明年總統大選的助選脫不了關係。

市場邏輯指的是政府大力推動「文化創意產業」。扶植產業當然沒問題，但文創邏輯卻主導了文化政策。於是，市場產值成為衡量藝術價值與公共資源分配的主要標準；美術館以參展人數作為主要標準；文化活動成為文化工程發包比賽等等。尤其「文創」成為當前台灣的魔術字眼，只要掛上文創兩字就可以吸引眼球，可以獲取政府補助。這確實是我們的新時代精神：各種空間和物件好像越來越美，但思想卻越來越蒼白；創意和產業好像越來越發達，但文化卻越來越稀薄。

文化政策的政治邏輯和市場邏輯又是緊密相扣：市場邏輯最能換成政治選票。於是，藝術活動的自主性、多元性、實驗性、草根性都在這兩種邏輯下成為弱勢。

在談國家與市場的關係時，理想的公部門角色是去提供市場發展的良好環境，讓各種企業創新得以出現，不要讓市場被少數大企業壟斷；另一方面則是要彌補市場必然帶來的不平等，要去幫助社會弱勢，維持社會公平。文化政策亦然，公部門應該去建立更好的土壤，讓文化與藝術活動可以有健康的生存與發展空間，讓文化可以從草根生活中生長出來；另一方面政府必須特別協助較難在市場上發展的前衛與實驗性藝術，因為這些才是文化創意產業的核心。後者可以靠市場邏輯生存，但前者卻必須借重公部門的資源。

當然，這些問題不分藍綠，但盛治仁先生任內的文建會更是將這些特點徹底展現。當執政黨提名了與文化界素無淵源的他來擔任文建會主委，很明顯就是要以政治目的（尤其是為了大選）來界定文化資源的分配與文化想像。陳文茜小姐也說：「盛治仁被調去做文建會主委，就是為了收拾建國百年的攤子。」

也因此，《夢想家》點燃了文化界的怒火，發起了連署宣言，提出他們對於文化政策的具體主張：文化主管單位應該重新調整藝文資源分配，矯正當前文化界貧富差距；國家文化政策應以培養文化生產者為核心，以建構健全文化產業結構、改善文化產業發展環境為手段，提升全民文化美學，而非本末倒置一味追求票房與產值；國家文化政策的制定與決定應建立更完整的公共監督機制，不要被少數利益集團把持；國家資源是社會的公共財，官方不應以文化補助作為挾持藝文團體的商業交換。他們也要求各黨總統候選人應該針對文化政策與文化方向，在一個月內進行公開說明與辯論。

於是，在二〇一一年十二月，總統大選前一個月，台灣舉行了史上第一次的三黨總統候選人針對文化政策的發表會並接受文化界提問（由本人擔任主持人）。

這是台灣文化發展的歷史時刻：難得有這麼多跨領域的藝文界人士凝聚起來，提出他們對於文化的主張；更難得史上第一次，藝文界的不滿讓主管的政府首長下台，讓三黨候選人針對文化政策提出看法。

當然，文化很難真正離開政治和商業的雙重邏輯，因此民間的文化力量必須集體組織，來參與文化政策，而不是個別性依賴政府資源。對抗文化的政治邏輯與商業邏輯，我們需要的是文化的公民邏輯。

# 小確幸的時代意義

「如果沒有這種小確幸，我認為人生只不過像乾巴巴的沙漠而已。」村上春樹在小說裡這麼說。

「小確幸」確實是理解我們這個時代與青年世代的關鍵字（註），它既是商品行銷的流行口號，也是台灣發展停滯不前的代罪羔羊。然而，太多對「小確幸」的批評都是對其根源與意義的不理解。

一種主流論述（特別是來自財經界）喜歡把小確幸是和大志向對比，他們認為台灣年輕人太小確幸，只向內看，只想開咖啡店、蹲在社區、做小東西；真正志氣的青年，應該要走出去，不論是去中國、去澳洲、還是去西方。

這一來是不了解小確幸之所以是小確幸的理由，二來不了解小確幸翻轉的時代意義，甚至不知道小確幸可能比去上海打工的人更國際化！

首先，很少人注意到兩種小確幸的區分，一種是消費意義，一種是作為工作。兩者有某些相同的背景，但也有很不同的意義。

有一些人指出過，小確幸出現的社會脈絡很大部分是來自台灣經濟的崩壞與世代不正義。尤其，年輕人薪資停滯，社會貧富差距過大，加上物價與房價上漲，貧窮化的年輕世代只能透過簡單的消費來感受那「微小而確定的幸福」，不論是美食或旅遊。小確幸因此成為一種生活風格的追求。

這意味者，小確幸的現象是大人們造成的惡果，是他們的父輩世代沒有讓台灣經濟轉型、是他們讓貧富不均日益惡化，所以被擠壓的「魯蛇」世代只能選擇那些微小幸福。

上一個世代沒能推動台灣經濟前進也影響小確幸作為一種工作選擇態度：與其去選擇低薪工作乃至大量的非典型工作，很多年輕人更寧願選擇微型創業，以及返鄉創業。

另一方面，除了經濟環境崩壞，這個小確幸世代其實代表台灣社會的前進：他們比父輩們更具有更多元的價值，他們不以競爭力、賺大錢為最高價值，而是寧願選擇更能實踐自我的工作。同時，不論是開獨立小店（以反對壟斷連鎖）、追求環境友善、本土農業，他們其實是這個新時代價值的創造者。或者更精確地說，他們是過去二十年的革命的後代：因為戰後台灣的發展模式就是威權政治加上經濟成長主義，但是八十年代以後的民主運動和社會運動衝擊了過去單一的主流價值，讓環境保護、社區改造、多元平權、民主參與等改變台灣社會，年輕世代可以說出生就承接了這些價值，並且讓這些價值開花結果。

更進一步來看，所謂在台灣開店的小確幸世代是內向、去外國打工才是大志向，其實是一種錯誤的對立：除了著名的麵包師，台灣的咖啡師也拿下世界冠軍，台南的霜淇淋店在日本拿到比賽大獎，這證明他們的國際水準。此外，台灣的許多農業工作者、社區工作者也有豐富的國際交流經驗——他們是真正國際視野、在地實踐。也有許多民宿或生活小店的經營者是走過地球許多地方，然後回到故鄉，開啟了他的夢想。而且，他們許多人是在追求「職人精神」：把一杯咖啡做好，把水果種好，把一種工藝做到更精緻。

這些與其他國家相比並不特殊，台灣熟悉的日本有更多青年選擇這樣的工作，歐美更是。因為，這些「先進」國家具有更多元的價值，而不像發展中國家只以拼經濟作為最高價值。認為去國外打工更有志向，實在是一種過時的想法。

所以去批評年輕人不往外走是沒有意義的批評：有能力、願意往外走的人，自然會出去，而願意留在台灣或者返鄉從事更草根工作的人，當然也是一種生命選擇，且是真真切切地改變台灣。

當然，這並不是說現在的年輕世代一切就很好，內向封閉就是對的。台灣社會整體當然視野狹窄、缺乏國際觀，但有這問題的人不是只屬於一個在台灣工作的年輕人，也可能是一名去中國工作的創業家，因為關鍵問題在於我們的教育和媒體提供多少思想的養分，廣闊的視野。這是台灣整個社會的共業。

結論是：小確幸世代是台灣過去發展路徑依賴的產物，上一代沒有讓台灣經濟向上提升，卻批評年輕世代的小確幸心態，是很荒謬的；另一方面，小確幸世代也是此前社會改革者的後代，讓他們有更多元的生命價值。但他們當然有其局限性，只是這個局限性的根源不在於他們，而是在掌握政治、經濟、教育、文化和媒體資源的大人們。

註，以聯合報系來說，在二〇〇六年出現第一則以小確幸為關鍵字的報導，到二〇一〇年還只有三則，後來就被倍數成長。見邱子珉，《從「小確幸」現象看台灣八〇後世代的失權》，交通大學社會與文化所碩士論文，二〇一六。

# 青年世代的政治逆襲

二〇一六年的總統選舉是一次改變台灣歷史的選舉。

這不只是因為選出了一個女總統，不只是因為這是第三次政黨輪替，而是因為年輕世代把他們的憤怒與不滿，轉化為政治力量，並且反映出這個歷史時刻的典範轉移。

台灣的青年世代（八〇後與九〇後）相對於此前的世代出現一個價值轉向：越來越多人屬於美國政治學者 Ronald Inglehart 於七〇年代所提出的「後物質主義」（post-materialist）價值觀。所謂物質主義（materialism）是個人追求物質上的滿足為最高優先，而後物質主義則是個人更重視自主性、自我表達和非物質的價值滿足；Inglehart 甚至進一步指出，物質主義者強調秩序的維持，後物質主義則更重視政治參與，甚至會參加「非傳統的政治抗爭」，譬如示威、罷課、占領建築物，來表達自己的理念，並對執政者施壓。在西方，這個世代戰爭表現在六〇年代波濤洶湧的學生運動、民權運動、婦女運動。

「後物質主義」價值轉型主要的原因之一是當一個經濟體成熟後，越來越多人願意追求其他非物質層面的滿足。但除了經濟原因，還有一個重要的社會轉型過程：台灣在一九八〇和九〇年代經歷了本土化、民主化和各種社會運動的衝擊——勞工、環境、性別、社區、教育改革等等，這些社會運動帶來許多新價值，並改變了以往將發展主義作為最高價值的主流思維。

成長於二〇〇〇年後的青年世代就是這種巨大轉型的結晶：他們視民主自由為當然，他們具有更多元的價值，且將這些新價值落實在他們的生活態度乃至人生選擇。這是被許多人視為的台灣「小清新」，或者在台灣更流行的語彙：「小確幸」。

小確幸們並不是只有愛吃甜點然後自拍；他們的價值具有一定的進步性：如強調在地經濟、有機農產、手作精神、社區連結或者獨立文化。這個新時代精神也讓台灣出現了「世代戰爭」，因為老一輩仍然保持傳統價值，認為經濟發展或者個人成功是最重要的，甚至經常批評台灣年輕人沒出息。

另一方面，這一代年輕人也是所謂的「天然獨」，亦即在他們的成長過程中毫無疑惑地認同自己是台灣人，甚至支持台灣獨立。吳介民與廖美兩位學者根據中央研究院社會所中國效應小組的調查資料研究顯示，在二〇一一年，青年世代（20—34歲）中支持台獨者有43%，與平均值相當；壯年世代（35—49歲）為42%；中老年人（50歲以上）則是45%。

到了二〇一二年，青年世代台獨支持率升高到46％，壯年世代是39％，中老年人則是44％。二〇一三年，青年世代的台獨支持率增為49％；壯年世代為42％；中老年人則降至43％。二〇一四年，經過太陽花運動之後，青年世代的台獨支持率大增至55％，壯年世代也升為46％，中老年人則降低到41％。

馬政府從〇八年上台後的兩方面施政都讓這一代青年越來越憤怒。一方面是以威權態度推動新發展主義，因而激發起關於環境、土地、農業、居住正義的抗爭，造成這幾年以青年為主的抗爭風潮。這幾年台灣有成千上萬的咖啡店或民宿都掛著同樣一面反核旗幟，就可以知道這些「小清新們」的環境價值。

另一方面，從二〇〇八年的野草莓事件（中國官員陳雲林來台，國民黨政府以高度維穩措施鎮壓因而引發學生占領自由廣場一個月），到二〇一二年的反媒體壟斷運動，再到二〇一四年春天引發太陽花學運的黑箱服貿，都表示出年輕人對所謂中國因素的深深不安。

二〇一四年太陽花運動既是這些不滿的結果，也進一步改變了更多青年的政治態度。許多民調都指出，學運之後，有更多年輕人不信任國民黨、對中國有更強烈反感。

尤其，在二〇一二年總統大選及之前，兩岸政策一直以來都是國民黨的優勢領域，蔡英文在二〇一二年的敗選也讓民進黨認為敗選的主因之一就是民眾不夠信任他們的兩岸政策，因此「中國政策」是他們朝向執政的最後一哩路。但四年下來，兩岸政策從國民黨的優勢轉變為負面因素，因為他們被更多人認為是親北京，更不要說原本推出一個連黨中央都覺得是深藍的總統候選人洪秀柱。反而是民進黨在兩岸議題上占據中間位置，蔡英文在這次的兩岸政策只主張「維持現狀」就可以贏了。這是台灣這四年最重要的社會變化。

簡言之，這八年國民黨的兩岸政策與經濟政策嚴重侵犯青年世代的後物質主義、且具有更強烈台灣意識一代青年信仰的價值。在二〇一二年選舉，雙方選票只差一百萬以內，而這次國民黨卻遭到了史上最大的挫敗。這是小確幸世代的大逆襲。問題是蔡英文能夠一直維持與這個世代的和睦關係嗎？蔡英文同樣是以經濟發展為最優先政策，且與北京也很可能進行各種互動，理想主義青年們會不會很快地覺得他們被背叛呢？

# 青年返鄉與在地希望

新竹是台灣的科技重鎮，這裡有清華大學、交通大學，還有在全球產業鏈不可或缺的新竹科技園區。

但這幾年，新竹越來越「文青」了起來。

這天下午我來到新竹的一個藝文空間「江山藝改所」演講。這是一個位於窄巷中的老房子，有著一個幾張座位的咖啡廳，牆上是各種藝文和社運海報，另外兩間房是民宿，還有一個演講與演出空間。這是一個簡樸的場所，但過去三年，他們在這裡辦了上百場講座和音樂演出。

創辦的年輕人登堯原本從事當代藝術，三年前想要做一個空間舉辦自己喜歡的活動，而當時，新竹幾乎完全沒有這樣的地方。三年來，大部分活動場次人數未必多，但他還是堅持下來，要把不同的聲音與視野帶進這個城市。

演講前，登堯帶我去了兩家獨立書店，一家是竹東的瓦當人文書屋，由一對年輕夫婦經營，空間不大，但舉辦過許許多多的座談與音樂演出，現在已是台灣獨立書店地圖上的重要風景；另一間新開的獨立書店 **MR Book Café** 在竹北，年輕老闆畢業於清華大學，希望在這個科技人為主的中產社區開疆闢土。

接著，我們來到城中心的一個老房子，一樓是咖啡館，二樓空間有著很有味道的木造天花板，經營這個空間的團隊叫「見域」，他們更為人所知的是他們出版的雜誌《貢丸湯》，一份關注新竹在地文化的雜誌。

最後，我們來到一個沒落的市場「東門市場」。一九七〇年代落成時，這是全台最現代化的菜市場，還有市場中少見的手扶電梯。如今一半以上的店面都關了，蔓延著破敗的氣息，但近來開始有年輕的藝術與社會創新團隊進駐，帶來活化的生機。

新竹原本就是一個很有歷史厚度的城市，但是是以科技之城著稱，讓大眾忽視了它深刻的文化紋理。但這幾年，許多人或是畢業留下，或從外地返鄉，致力於城市文化與歷史的保存和創新、開啟青年創業，讓新竹放射出新的魅力。

這些場景並不是只在新竹，而是在全台各地都逐漸發芽、茁壯。

近來，台灣出現一股青年返鄉浪潮。曾經，人人都要去大城市奮鬥、找更好的工作、更努力賺錢，但現在越來越多年輕人回到故鄉（或者不離開故鄉），從事農業、文化創作、社區營造，或者各種青年新創，希望改變自己的故鄉。

例如，在這個數位時代，人們不斷預言著書店已死、書本已死——而書本確實在這個世界上正在快速消失中，但這幾年卻有一個反潮流，在島嶼不同角落有更多不同姿態的獨立書店冒出來。這些書店不只是賣書，也透過各種活動，串連起了地方上的有心人士，連結了地方和外界，因而扮演起社區文化基地的角色。

又或者像《貢丸湯》這樣的以社區或城市為主題的獨立雜誌，這幾年也不斷湧現。蘭嶼青年辦了一本介紹蘭嶼文化的雜誌，高雄鹽埕區的一家民宿辦了一本專門以鹽埕區為主的雜誌，台南的正興街的店家們也共同辦了一本以這個街出發、反映他們另類態度的雜誌。

這個青年返鄉運動的背景大致有幾種。其一是從九〇年代初期出現的社區運動，加上政府也推動「社區總體營造」，重塑了人民對故鄉與社區的想像。

其次是，台北的房價越來越不合理，逼得年輕人離開台北回到故鄉，或者是移民去他喜歡的美好城市如宜蘭或台南。（二〇〇八年的賣座電影《海角七號》，一開始男主角就痛罵「X你媽」的台北，然後騎車飛奔去墾丁，正反映了不少人對台北的複雜心情。）

再者，台灣這一代的青年比上一代更具有「後物質主義」的價值，亦即賺錢不是他們最重要的人生目標，而是自我價值的實踐，不論是更重視生活品質，或者更關注其他價值——在地農業、友善環境、社區文化、公共參與等等。這次蔡英文競選時的主打政見是「在地希望」，正是看到這個趨勢。

這個返鄉運動將一點一滴改變的，是人與土地的關係，經濟模式的革新，文化與社區的連結，以及是由下而上的公民參與，更可能是這座島嶼的精神重建。

# 在自己的土地上起舞

## ——雲門舞集與台灣四十年

### 1.

一九七〇年代初，是台灣從黑暗走向黎明的魔幻時刻。黨國體制的權力交班、台灣退出聯合國、海內外保釣運動，乃至美國一九六〇年代青年反文化學運的刺激，共同敲開了戒嚴體制的縫隙。一整個世代青年開始回歸現實與民間，思索身分認同，點燃新的文化想像力，重新認識這塊被遮蔽已久的土地。

這個新的時代布景正是為青年林懷民而準備的歷史舞台。

首先，他是戰後出生的本省人，且他的故鄉嘉義新港就是台灣移民史的重要起點。林懷民的青春期是在六〇年代聽 Bob Dylan 和美國民歌，在七〇年代初他赴美念書，感受到六〇年代學生理想主義的餘溫，並且開始閱讀左翼書籍、參與海外保釣運動，然後在一九七二年回到台灣——這裡剛經歷保釣運動的沸騰和《大學》雜誌的思想衝擊，康寧祥和其他黨外人士準備參與年底的首次增額立委補選。

台灣正在燃燒。

一九七三年，雲門舞集成立，宗旨是「中國人作曲、中國人編舞、中國人跳給中國人看」——請注意，他所指涉要跳給的「中國人」是指這個島嶼上的人們。這是那個保釣世代的強烈民族主義情懷，**他們要從鄉土出發重建民族**，**要在這個土地上生產自己的文化、講自己的故事**，**並且要走入社會講給民眾聽**。

早期雲門作品固然主要取材自中國傳統民間文化，但他們在創團第二年就編《八家將》，在第三年就邀請排灣族原住民參與舞作。對他們那代人來說，「中國」與「台灣」文化不是對立的概念；他們更在乎的是，去民間尋找真實的傳統文化。

但《八家將》的演出是不成功的：「我們徒有技巧，卻缺乏那股由泥土迸發出來的生命力，從廟前大院到西式舞台的移植過程中，不知不覺地也損失了這個祭儀舞蹈應有的拙樸。我們的演出只是為了向許多和我一樣的都市人顯示，台北不是台灣，台灣除了電視和可口可樂之外，還有別的。」林懷民如此反省。

然後，整個七〇年代的文化精神與政治焦慮，甚至台灣四百年來的多舛身世，都在一九七八年十二月十六日首演的《薪傳》達到高潮。沒有比這個夜晚，更能體現歷史現實與文化創作的交會時刻。那天早上，美國宣布和台灣斷交，而《薪傳》的故事正是台灣四百年來的掙扎與奮鬥。

《薪傳》詮釋了台灣歷史，而現實又給予《薪傳》最深刻的重量。整個島嶼壓抑的悲情彷彿都在《薪傳》中被凝結、被釋放。蔣勳說的好，《薪傳》努力尋找台灣可以與傳統京劇區隔的身體記憶，從那個與大海搏鬥的歷史中去重建台灣人的身體記憶；而林懷民說：「《薪傳》之後，我們終於可以站在自己的家園以舞蹈安身立命。《薪傳》是我們的成年禮。」

台灣也在這個七〇年代末成年了，雖然它還要再經過一次重擊才能再往前走：一九七九年的美麗島事件。

## 2.

八〇年代是七〇年代的深化與延續，一方面是七〇年代開啟的社會力轉化為更多社會運動的爆發，從中產階級的消費者保護運動，到島嶼各個受傷角落出現的「自力救濟」，反對運動新世代也在美麗島事件之後，奮力前進。

另方面，七〇年代的現代化與都市化場景、經濟高速成長，到了一九八〇年代是更迅速增長的國民所得、更多的外匯存底、更多的高樓大廈，更多農村人口進入都市。一九八四年，第一家麥當勞在台北市民生東路出現；同年，經濟學者主張要建立「富而好禮」的社會，而羅大佑感嘆純樸過往消逝的〈鹿港小鎮〉、〈未來的主人翁〉，成為時代的原聲帶。

林懷民也看到這座島迅速成為一座貪婪之島，各種以「金」為名的招牌在島嶼上空飛翔，人們身上藏青色的衣服換成鮮豔的名牌，金錢遊戲取代了七〇年代的純真理想。於是有了《春之祭禮 台北一九八四》：原本史特拉汶斯基在一九一三年所做的《春之祭禮》交響樂，就是反映從十九世紀到進入二十世紀時代工業文明的狂亂，而在這齣舞作中，舞台背後投影是從綠色稻田轉換成怪手推倒老房子，並豎立起一座座高樓大廈，光鮮亮麗的都市男女在舞台上拉扯他們的靈魂。

一九八五年，龍應台出版《野火集》造成風潮，雲門則推出《夢土》。在這齣抽象繁複的作品中，舞者徘徊於夢與現實的邊界，追尋人與社會的方向；舞台上的「紅色大門」，更象徵了台灣將跨入新的歷史階段：經濟的、文化的，與政治的。

次年《我的鄉愁我的歌》是在快速轉變的奢華社會中，試圖捕捉失落的鄉愁。在七〇年代的《薪傳》中，陳達唱出了早期移民的辛酸，在《我的鄉愁我的歌》則有一代一代的台語歌謠和剛出道不久的蔡振南用歌聲堆疊起民眾的生活史。雲門要用底層的聲音為人們尋找沉靜的力量。

林懷民說：「我一直在想，美空雲雀、Bob Dylan都上得了檯面，難道台語歌不行嗎？」而這確實是個新時代的開始，讓林懷民的夢想成為可能。七〇年代的「鄉土」在此時轉化為「本土」，更多的聲音從土底冒起衝擊主流社會；台語歌成為新主流，洪榮宏、沈文程席捲音樂市場。就在這一年，一九八六年，民進黨成立，一九八七年台灣正式解嚴，一九八八年初蔣經國過世，李登輝上台。過去被主流文化體制視為「土」的事物將逐漸被視為酷的，被歧視的語言和文化將逐漸進入正統。

這是本土化成為時代精神的前夕。

而正當台灣即將跨入新的歷史之門，雲門宣布在一九八八年暫停。

## 3.

一九九一年，雲門復出。

在九〇年代，舊的禁忌逐漸剝落，民主化一步步落實，本土化則翻轉了各種符號象徵與資源分配，也讓九〇年代前半成為族群政治的衝突高峰。與此同時，在這個新到來的後冷戰時代，消費主義與商業邏輯也成為島嶼精神。

雲門在此時的重要作品《流浪者之歌》、《九歌》是以亞洲元素與東方身體為主，可以被視為是在全球化氛圍下建立另一種文化主體的想像，也是在新的社會躁動中，進入更內在的自省。

然而，再如何內省，林懷民始終記得整個黑暗時代對他個人、對島嶼上許多家庭的創傷。舊體制崩解了，新體制看似建立了，烙印在人們內心的痛苦卻沒有被療癒。

在一九九七年做《家族合唱》，林懷民說，是要解決他個人的問題。

「對白色恐怖、對二二八、對台灣的認識，我用了很多年，特別是在美國讀書那三年，一點一點慢慢拼組起來。解嚴後，文獻大量問世，我抓到什麼，就讀什麼。」

這也是台灣剛剛開始追尋「轉型正義」的起點：「解嚴了，過去不能說，不敢說的心事，統統攤到陽光下，這些不同口音的見證，成為家族合唱的主要『聽覺風景』。」

## 4.

在跨入新世紀的門檻上，人們興奮地期待政黨輪替能夠帶領台灣向上提升、走出舊時代的桎梏。但很快地，人們開始對政治失望、沮喪，〇八年再次輪替之後，更多人對政治的信心崩壞。這是台灣民主的挫敗。

但另一方面，在七〇年代以來的政治社會大轉型之後，民間開出許多豐盛的花朵。新草根組織、新價值、新的邊緣發聲，和種種「小革命」正一點一滴從根改變台灣社會的面貌。

此時的雲門遠離了現實的泥淖，交出一系列意境悠遠的作品，但他們從未真正離開過。例如，二〇〇六年，雲門和胡德夫以《美麗島》帶人們檢視這塊傷痕累累的島嶼，重返七〇年代的理想主義。

而在四十週年，雲門交出了新作《稻禾》。

林懷民在文章中自述：「我有『稻米情結』。七〇年代的《薪傳》徒手『插秧』。九〇年代的《流浪者之歌》真米登場。遠兜遠轉，雲門四十歲，我竟然又回到稻田。」

《稻禾》掌握到台灣當前的主要社會矛盾：土地正義。過去幾年，不論是掠奪農村、破壞生態環境或者侵犯原住民傳統領域，從大埔農地、國光石化、到台東美麗灣，政治權力的傲慢和資本邏輯的貪婪，讓林懷民和他的朋友們在七〇年代歌唱的「美麗島」於今彷彿只是個殘忍的諷刺，是人們不斷努力追尋，卻又不斷受到傷害的夢想。

在這個台灣社會充滿憤怒與挫折的歷史時刻，雲門要從池上出發，帶著農人的素樸與稻田的美麗，讓人們重新去擁抱土地上生生不息的生命力。

四十年前，在台灣歷史劇烈變動的微光中，雲門宣誓要在這個土地上起舞、要為這個土地上的人起舞。四十年來，他們透過舞作回應時代的變遷，靠著社會支持不斷往前走，走入社區和戶外公演來為更多民眾演出。

四十年後的此刻，台灣人民的力量更壯大了，而雲門依然要在這個土地上起舞——但我們必須一起改善這個土地，才能讓這個所在成為真正的美麗島。

# 另一種台灣電影

我們不能再等待，我們不能再猶豫。一九八二，在人們尚未衝出牢門之前，我們終於用電影起義了……我們終於用電影訴說我們的真實的社會和生活，還有我們的歷史……我們不要做亞細亞的孤兒，我們要高唱美麗島。因為我們有了台灣新電影。

——小野，《光陰的故事》，二〇一五

一九八二年，台灣仍然在戒嚴的黑色盒子中，甚至美麗島事件的大逮捕和大審判才是三年前的事，但社會已經暗潮洶湧，社會能量與反對政治準備爆發，挑戰那個長久桎梏人心的體制。

那一年，在中央電影公司工作的年輕人小野和吳念真有機會找一些新人拍電影，他們推動了一部影片《光陰的故事》，分別由三位青年導演楊德昌、柯一正和張毅執導。

一九八三年又有吳念真改編黃春明小說的電影，由侯孝賢、萬仁、曾壯祥三人執導三段故事的《兒子的大玩偶》。接下來在短短幾年內，人們看見了侯孝賢《冬冬的假期》、《童年往事》、《戀戀風塵》，楊德昌的《海灘的一天》、《青梅竹馬》、《恐怖份子》，張毅的《我就這樣過了一生》、《玉卿嫂》，萬仁的《油麻菜籽》等等。這些電影呈現了全新的電影語言和內容，因此被稱為「台灣新電影」。

近來，台灣新電影代表人物侯孝賢導演新片《聶隱娘》在兩岸三地上映，一本講述新電影運動的新書和紀錄片《光陰的故事：台灣新電影30》也正好出版，那場電影運動又再度讓人關注。

在台灣新電影出現之前的七〇年代，絕大部分是瓊瑤的愛情片、武俠片或者愛國主義的反共抗日電影（更早有健康寫實片），這些電影與人們的真實生活毫無關係。台灣新電影卻是要回到人們生活的真實，去寫實地描繪那個正在洶湧轉變的台灣，探究島嶼的自我認同與複雜身世，尤其彼時的台灣一方面正經歷現代化與都市化，另一方面新崛起的社會力量正在激烈與舊體制對抗。侯孝賢說：「社會狀態和電影有絕對的關聯，台灣當時是威權時代，有很多禁忌。那個『不可以』，反而變成一個動力。」

然而，台灣新電影其實是七〇年代台灣文化運動的遲到者。從六〇年代後期到整個七〇年代，台灣經歷一場巨大的典範轉移，不同領域的文化創作開始在幽暗的戒嚴時代下回應現實，挖掘過去他們陌生的本土，不論是林懷民的舞蹈、《雄獅美術》雜誌製作的一系列專題、現實主義文學到鄉土文學論戰，乃至於民歌運動等。

電影卻是這波文化革命的例外，這或許是因為電影是影響力更大的大眾文化，因此牢牢掌握在國家手中，尤其是壟斷的中央電影公司。直到八〇年代初，因為社會的改變讓過去的八股電影越來越讓觀眾不滿，同時新的總經理甫上任兩年，願意給年輕人一搏。

八〇年代新電影的精神是承繼了七〇年代的鄉土文化運動——如對現實生活的凝視、對台灣社會的城鄉與族群問題的探索，對都市現代化的反思等等，被視為新電影開端的影片《兒子的大玩偶》更是改編自黃春明的小說。

但所謂的台灣新電影運動並沒有持續多少年。一九八七年二月，這一群電影工作者和文化界人士集體發表一篇宣言，呼籲政府與社會應該支持「另一種電影」的存在：「我們相信電影有很多可能的作為，我們要爭取商業電影以外『另一種電影』存在的空間；為了這件事，我們在此簽下我們的名字，不僅在這個宣言上和其他相同意念的人站在一起，也將在未來的時刻，從自己的崗位上繼續支持『另一種電影』。」

這篇宣言被視為是新電影的墓誌銘，起碼楊德昌說那是一個結束的開始。就在五個月後，台灣從四九年以來的軍事戒嚴體制也結束了。

那是一場漫長的結束。

此後，雖說新電影已死，但那只是指創作者不再被視為一個整體，事實上威權時代的結束給了導演們更多的可能性：一九八九年，侯孝賢的《悲情城市》上映，創下台灣電影史上最高票房紀錄，可說是新電影的高潮；兩年後，楊德昌《牯嶺街少年殺人事件》成為另一部經典。且這些影片探討的那是那段壓迫的歷史，都是戒嚴時期所不可能的。幾年之後，萬仁的《超級大國民》更是直接以白色恐怖作為主題。

不過，他們所期待的台灣社會對於「另一種電影」的支持始終沒有出現。而對年輕一代導演來說，不少人既是新電影養成的一代，但他們也想「弒父」，希望被市場肯定。尤其是台灣電影經歷了九〇年代到新世紀初期的谷底，到二〇〇八年之後出現所謂台片復甦，有的人繼續在新電影的傳統中前進，有的人只想拍出商業成功大片，但還有許多人一直在新電影的幽魂與商業片中掙扎。

# 《悲情城市》

## ——凝視一個時代的黑暗

「一九四五年八月十五日，日本天皇宣布無條件投降，台灣脫離日本統治五十一年。國民政府部隊從基隆港上岸，接收台灣。一九四七年二月，血腥的二二八事件發生，之後國民黨進行『清鄉』，開啟白色恐怖時期。」

或許歷史的布幕太過沉重，以致基隆的天空總是濃稠陰霾的（尤其在那些粗粒子的黑白劇照中）。九份山上的一個林姓家族，在不同歷史斷層的劇烈擠壓中，憂傷地死去或者活著。

這是電影《悲情城市》的故事。

《凝望・時代：穿越悲情城市二十年》這本書對參與此片的幕後與幕前人員做了深度訪談，重新探訪這部台灣首次直面戰後威權恐怖統治、首次拿到國際三大影展首獎（威尼斯影展金獅獎），以及代表八〇年代台灣電影運動高潮的電影。

書中的黑白劇照讓人深深感受到此片的凝重與憂傷，但這不正是那段殘酷歷史的顏色嗎？《悲情城市》這部電影不僅描述一齣政治的悲劇，也是一個家族的悲劇，尤其影片凝視的主體是個人，人如何在歷史的繁複布景中哀傷地活著。所以，在整部電影「悲情」幽暗的氛圍中，男女主角梁朝偉、辛樹芬單純良善的面孔，成為沉重黑影中的溫柔之光，照耀著人性的美好。

侯孝賢在書中說，他最早本來是想拍一九五〇年代初期的基隆，要找楊麗花、周潤發合演，楊麗花演酒家大姐頭，周潤發是從香港來的黑社會大哥。想拍這個故事，是因為他在成長背景中對國民黨有許多反抗思想，而陳映真的小說則讓他更認識白色恐怖，其後又聽到台語老歌〈悲情的城市〉，「感覺有一種鬱悶之氣」。但就在籌備過程中，政府突然宣布解嚴了，一個新的空間被打開了，所以他們決定拍楊麗花這個角色的父輩，就是「悲情城市」的家族，並把時間往前推到一九四五後的幾年。

對台灣歷史來說，《悲情城市》既是一個總結，也是一個開端。

在電影史上，這部片不只是侯孝賢在《冬冬的假期》、《童年往事》、《戀戀風塵》之後，更成熟地展現他的詩化美學與抒情敘事，並成為整個八〇年代台灣新電影運動的總結與高潮：當台灣新電影不斷逼近社會現實，《悲情城市》更進一步去挖掘戰後歷史的幽暗起點。

政治上，《悲情城市》成為一個時代的開端，代表著台灣社會進入一個新階段，可以重新開啟那段陰暗森冷的歷史。畢竟，二二八在此前一直是一個不能說的祕密，是解開一整個恐怖時代的密語。

一九八七年二月，「二二八和平日促進會」成立，這是島內首次有組織性地推動二二八公義運動。他們追求二二八的真相，呼籲紀念二二八，要求平反、政府道歉賠償、興建紀念館。他們說：「我們要走出二二八的陰影，我們要公開而和平的紀念二二八，並訂這一天為和平日。」而後，立法委員開始質詢政府關於二二八，媒體開始大量報導；一九八九年，嘉義市建立第一個二二八紀念碑；一九九〇年，立法院全體委員起立為二二八受難者默哀致意。然後，政府出版報告，將二二八成為國定假日。

當然，說《悲情城市》是一個時代的開端，並不是說它打開了新時代。事實上，它是整個八〇年代的反對力量抗爭的結果，但這部片的成功又讓這個議題可以被放在主流視野。編劇朱天文就在書中說，從八〇年代開始，不論是黨外運動或其他社會力開始積累，累積到這時候差不多了，《悲情城市》只是恰好在那個時機「放個櫻桃在蛋糕上面」。所以「大家看著這個電影，抒發自己的情感，借著這個衍生出來種種。」

「在今天之前，這個故事，你聽不到，也不能講。」

這是電影《悲情城市》的海報文案。二十年後的現在，這個故事已經在台灣社會不斷地被訴說。然而，「悲情」二字卻也成為歷史的鐵箍咒，局限了我們對歷史的挖掘；在「後悲情城市」的台灣政治中，很快就有一種聲音要大家忘卻「悲情」往前看，於是人們好像又沿著政治的界線分為兩邊：充滿悲情的人認為他們才剛剛可以緩緩地訴說他們被深埋的苦，另外卻有人認為他們已經說得太多了，是在「消費二二八」。

然而，我們真的告別悲情了嗎？我們對那段黑暗歷史的凝視真的足夠了嗎？

# 《太陽的孩子》如何想像家園

土地沒了，家也沒了，我們要到哪裡去？

——阿美族長者對孫子說的話

電影主角巴奈在專家學者面前說她小時常參加演講比賽，台下的評審往往會驚訝地發現她講話沒有原住民口音，「然後我就會得獎。甚至獲得了一個部落之光的名字。」「但我很討厭這個名字，因為這是我很努力讓我變得不要像原住民，而得到的。」此刻她再說一次，「大家好，我叫巴奈。」

幾年前，阿美族女性舒米如妮在花蓮石梯坪海岸邊的部落，希望復育此地荒蕪已久的田地，期待重新尋找人與土地的關係。

這是一個美麗的所在，旁邊就是藍到清澈的太平洋，但因為之前人口外移和政府休耕政策，土地荒蕪了，過去阿美族部落傳統的互助合作精神也受到侵蝕；然後是土地被出售。

在過去幾年，是大量觀光的陸客、民宿與飯店的興建以及飆漲的土地價格。彷彿這個土地不是給人居住的，只是為了外來觀光客的觀看而存在的。

舒米如妮說服部落的族人，一起努力修復水圳、開始耕作。現在，這裡生產的「海稻米」是有名的稻米產區。

這個浪漫的故事不是電影，但卻被拍成一部動人的電影。勒嘎・舒米將他媽媽的努力拍下了一部紀錄片，被導演鄭有傑看到，受到很深的感動，於是兩人合作改編了這個故事，並加入更多過去幾年在不同東岸原住民部落的遭遇，拍出這部電影《太陽的孩子》。

我用了一包面紙觀看這部影片。

在這部片裡，我們看到許多熟悉的畫面，那是過去這幾年在台灣東海岸、在農村、在原住民部落爆發的議題；另方面我也感到這個國家、這個社會、這個教育體制和大眾傳播體制，對原住民的文化、歷史、生活、他們的價值與信仰，是多麼陌生，而他們是我們這個在土地上的家人，甚至是最早在這裡建立家園的家人。

有一段情節是為了農地抗爭的老阿嬤質問要驅離他們的原住民員警說：「孩子，你們的部落在哪？」這正是對自己生命根源深刻的提問與追索。

台灣民主化將近三十年，彷彿以為自己很民主了，但這個社會最早住民的土地、語言文化、生活方式仍然受到不公正的壓迫與制度性的歧視；我們說要追求轉型正義、矯正過去邪惡體制的不公義與壓迫，卻忽視長久以來被更嚴重殖民的原住民。

《太陽的孩子》之所以讓這麼多觀眾流下眼淚，是因為每一個細節的背後、每一個問題所蘊含的，都是歷史累積深厚的不正義，都是現實的巨大矛盾，如今的掌權者的思維就是以為人民幣來了，觀光客來了，人的生活就會變好，於是推動粗糙的觀光發展，蔑視原住民傳統領域，忽視原住民的價值觀與生活方式。

這正是《太陽的孩子》所要抵抗的。它要讓我們看見，讓我們思考，進而形成抵抗的意識。這部電影的主要口號是「有一種力量，叫溫柔」；導演鄭有傑跟我說：「我們的腳就是要踩在土地上，把我們的文化和生態復育起來，站穩了腳步，你們就趕不走我了。」

影像之外，另一種改變方式是政治參與。也是紀錄片導演的馬躍比吼以無黨籍身分參選立委，提出許多關於原住民的迫切議題，並試圖改變原住民和主流政治間的政治文化。長久以來國民黨以一手壓迫，另一手資源補助的方式建立起一套侍從主義統治，後起的民進黨原住民政治人物也大多落入既有的政治邏輯。許多人認為，沒有資源的選舉幾乎是不可能的任務，但是，時代正在改變，去年太陽花世代改變了主流政治格局，原住民青年世代是否也能改變傳統政治？

原住民所遭遇的問題不只是屬於他們，而是整個台灣的共同問題：我們能否真正尊重、平等對待不同的人、不同族群？尤其人與土地，人與自然的關係，發展與生態間的平衡，是整個台灣同樣面臨的問題，更遑論原住民比我們更有古老的智慧、更值得學習。

正如鄭有傑導演所說，他最初被那部紀錄感動，就是因為他看到舒米如妮「對他們的家園是長成什麼樣子有一個想像，所以要努力把他們的家園變成那個樣子。而這就是現在台灣缺乏的。」

「如果沒有想像，我們就不會有希望，如果沒有希望，我們就不會有勇氣往這個方向走。」

# 獨立音樂的時代天光

二〇一五年的流行音樂金曲獎把年度歌曲頒給了滅火器樂隊的〈島嶼天光〉。這個獎項的其他入圍者包括張學友的〈用餘生去愛〉、a MEI（張惠妹）與蛋堡的〈偏執面〉和蔡依林的〈Play 我呸〉、徐佳瑩的〈尋人啟事〉，這些都是天王天后。

滅火器是一支十幾年前成軍於高雄、以龐克搖滾起家的獨立樂隊；〈島嶼天光〉則是一首不折不扣的社運歌曲，誕生於太陽花學運，歌中部分還是來自占領立法院現場學生的合唱。

雖然過去的金曲獎中，獨立音樂人曾獲得各種獎項，但「年度歌曲」這個獎確實意義不同。這意味著不僅太陽花青年們占領了國會主席台，獨立音樂也占領了金曲獎最重要獎項。

第二年，二〇一六年的金曲獎年度最佳歌曲搬給了舒米恩的阿美族母語歌曲〈不要放棄〉，這絕對是實至名歸，一首可以打動你內心最深處的動人歌曲。這首歌是電影《太陽的孩子》的主題曲，而這部電影談的是原住民如何重建家園，抵抗盲目的開發主義。

連續兩年，金曲獎年度最佳歌曲都給了獨立音樂，而且是具有強烈社會關懷的歌曲。

時代果然正在改變。

也在二〇一六年，一個原先少人知曉的新樂隊草東沒有派對的首張專輯《醜奴兒》發片演唱會，門票從北到南都迅速賣光；發片之前，他們在網路上發表歌曲MV，許多歌曲都有幾十萬點閱。（當然，另一音樂組合「九一一」的歌曲造成破千萬點閱率更是年度奇觀。）

發生了什麼事？

進入新世紀，台灣的主流音樂產業迅速崩塌（全球皆然），唱片公司變得更保守僵化，不敢冒險開發不同的聲音。另一方面，從九十年代崛起的「地下音樂」奮力茁壯，魔岩唱片等公司更讓另類搖滾進入主流的流行感性（sensibility）中，尤其過去十多年，當網路與科技讓主流產業崩塌，卻讓獨立音樂有了更多機會，因為音樂的生產、傳播和行銷都更為容易；再者，演出場地、獨立廠牌、大小音樂節、音樂網站等日益繽紛，讓獨立音樂越來越滲入青年文化。

因此，從獨立音樂圈出身的五月天、陳綺貞、蘇打綠成為這個時代的巨星，張懸、盧廣仲、魏如萱、Hush成為新一代的創作偶像。許多獨立音樂人也都成為年輕人熟悉的名字，早已不再地下，從北到南的搖滾音樂節更是青年世代熱血奔流的場所。

相比於主流音樂仍然是傳統的製作與行銷模式，獨立音樂人更誠實地表達出年輕人的真實生活，心中的焦慮與渴望。草東沒有派對就是很大程度上反映了這個魯蛇世代的灰暗世界，一如中國火紅的樂隊萬能青年旅店唱出了盛世中國底下青年世代的不滿與陰暗。

獨立音樂時代來臨的同時，由於各種關於土地、環境、農業、原住民議題，以及所謂「中國因素」，引發了青年公民運動風潮。於是，我們既看到許多老將如陳明章、林生祥、巴奈的積極參與，也看到新的世代獨立音樂人有的以抗議樂隊姿態出現，有的則是未必寫抗議歌曲，但會走上街頭。越來越的多社運場合，從抗爭社區現場，到凱達格蘭大道前面，都會邀請音樂人演出。

例如二〇一三年三月在凱達格蘭大道的反核遊行晚會上，幾乎所有台灣一線獨立樂隊都輪番上演，而在他們背後是憲兵警察、拒馬蛇龍。（我是該場晚會的共同主持人。）

到了二〇一四年的三一八，不僅是爆發青年反抗運動的高潮，也是樂隊參與社運的高峰，幾乎每晚都有十多組音樂人在街頭上演出，並且在運動中誕生了這首〈島嶼天光〉。

滅火器其實是這個趨勢中的關鍵樣本：他們始終無畏於表達對政治與社會的看法，他們在音樂上的努力耕耘也讓他們從一個獨立樂隊到三年前登上體育館舞台，在二〇一六年站上總統就職典禮，並於十一月挑戰大型體育場。

在金曲獎頒獎典禮上，滅火器的幾個年輕人說，這個獎不只是屬於他們的，而是所有運動的參與者。的確，這個獎是來自一個新世代在音樂上與社會上的集體抗爭：抗議青年們占領了街頭與立法院，試圖重塑台灣的民主，而音樂青年們也不停地唱著他們這個世代的未來，改變著台灣流行音樂的想像。

# 從〈美麗島〉到美麗灣

在盛夏的七月初，我和台灣民謠先驅胡德夫及其他幾位文化人參加一個反對「美麗灣飯店」的記者會。

白髮蒼蒼的胡德夫是台灣七〇年代民歌運動的先行者。彼時台灣剛從森冷窒息的黑暗年代中看到幾絲歷史的微光。一九七四年，胡德夫舉辦了台灣第一場民歌演唱會「美麗的稻穗」；並和好友李雙澤推動年輕人「唱自己的歌」。尤其他們深受美國左翼民歌從Woody Guthrie到Bob Dylan的影響，他們相信歌曲必須是關於眼前所見到的現實。

民歌運動是戰後五六〇年代的白色恐怖之後，年輕人首次嘗試發出自己的「青春之歌」。但由於那仍是一個禁錮的年代，所以這些歌曲很難如西方般是關於他們的社會、他們的歷史，而更多只是關於他們青澀的青春與人生。

為那個時代的民歌留下凝視社會的印記的歌曲，是李雙澤寫下的〈美麗島〉，但他還來不及出版就過世。在他出殯前晚，胡德夫和楊祖珺錄唱了這首〈美麗島〉，而此後這首歌一直與胡德夫的名字聯繫在一起。

一九七一年的保釣運動和台灣退出聯合國讓國民黨開始向島內尋求正當性，也讓民族主義問題開始糾纏著這座島嶼。另方面，七〇年代初開放增額立委選舉，黨外人士開始組織化、辦雜誌，推進反對運動。台灣開始逐漸掙脫長期軍事戒嚴體制的緊密捆綁，文化界也有更大的活力。

七〇年代初以來的政治衝擊，使新一代知識份子驚覺美日殖民主義者對自己社會的壓迫，並不滿於國民黨只提供給他們縹緲的想像中國，因此他們熱切地尋找屬於自己民族的東西，但因為他們生活在台灣，所以試圖以「回歸鄉土」，台灣的鄉土，來重建中國認同——在他們心中當時台灣和中國並非對立的概念。於是，他們尋找真實的土地：素人畫家洪通、恆春老人陳達成為台北文化界的新偶像；《漢聲》雜誌開始挖掘民間文化；作家們開始書寫「鄉土文學」。對七〇年代影響甚鉅的《中國時報》人間副刊主編高信疆就強調，中國的作家應該有中國的特色，所以應該寫自己土地上的東西。

對李雙澤、楊祖珺、胡德夫來說，歌唱〈美麗島〉只是一種對於台灣的素樸情感，李雙澤同時也寫下〈少年中國〉那樣具有中國情懷的歌曲。但這首關於台灣島嶼的歌終究「被敏感」，尤其一九七九年出現了以此為名的黨外雜誌，並在一九七九年十二月爆發了「美麗島事件」。威權體制逮捕黨外政治精英，試圖關下歷史的鐵門來鎮壓七〇年代的啟蒙微光。

〈美麗島〉這首歌開始在黨外場合、在學生圈當中被流傳吟唱，成為一條歷史之河，穿越左右統獨的不同矛盾。

而胡德夫從八〇年代初開始轉向投入原住民運動、擔任首屆原住民促進權益會會長。作為一個深受美國抗議歌曲影響的音樂人，他既是台灣民歌先驅，也是一個真正的 activist。

來自台東、如今六十多歲的他現在依然活躍於許多社運活動，尤其是和台東、和原住民議題有關的活動。例如美麗灣。

美麗灣飯店興建於台東杉原海灘，將在年底開幕。這個飯店不僅破壞生態環境，占領原住民生活的傳統領域，更將台東最美的一片海灘私有化（而且飯店很醜陋）。更離譜的是，政府為了積極開發這些土地，讓財團獲利，不惜公然違反法律。關於美麗灣渡假村的開發案，高雄高等法院早在二〇〇九年以「環評審查委員缺乏自然、生活與社會相關背景學者」為由，認定台東縣環保局的環評審查無效；二〇一〇年以實際開發範圍為六公頃卻未經環評，判定台東縣政府敗訴，勒令停工，但美麗灣飯店工程持續進行，台東縣政府更在訴訟未決前搶發建照與使用執照。這是公然違法濫權。

而美麗灣只是台灣政府目前在東海岸進行一系列惡質開發的開始。花東海岸是台灣最迷人且少開發的最後一片淨土，但此刻的新發展主義思維正將許多土地便宜地租給財團，去建設飯店和觀光樂園。於是，以「開發」與「觀光」之名，一排排灰色飯店將阻隔山與海，藍色的海岸線將成為灰色的海岸線，原住民的傳統領域將徹底消失。

所以，胡德夫又站了出來，為了他的家鄉，也為了他三十多年的信念。他在這個記者會彈著簡單的琴，唱著他對海岸的深情：

今夜我要走近這片海岸　去聆聽各種不同的聲浪
今夜我要走進這片海洋　讓海風用力的吹動我
如果愛這片海有罪　我情願變成那飛魚
泳向惡靈登陸的沙灘　擱淺

三十多年前的〈美麗島〉只是對這個島嶼最單純的禮讚，是青年們嘗試用音樂介入社會的起點；而如今，唯有讓醜惡的「美麗灣」消失，守護台灣美麗的海岸線，才是對「美麗島」的真正擁抱。

# 當長髮搖滾戰士進國會

「我，林昶佐，是亞洲第一個進國會的搖滾歌手，」時代力量的立委候選人林昶佐在當選那晚激動地說著。接下來一句是：「我長髮、我刺青，我將進入立法院。」

二月一日，他正式走進了立法院。這是台灣新一屆國會開始的第一天。

林昶佐，更多人知道他的名字是 Freddy，是重金屬搖滾樂隊「閃靈」的主唱，也是這次台灣選舉中最被注目的候選人——他可能是除了蔡英文外，上遍最多國際媒體的參選人。

Freddy 不是一般的搖滾樂手，而是一個不斷嘗試用音樂來介入政治的行動者。

閃靈在一九九八年發行第一張專輯《祖靈之流》，他們基本上是以台語來創作，且每張專輯的主題都是在書寫台灣歷史，尤其是台灣人的反抗歷史，從原住民神祇大戰漢神、抵抗日本殖民的霧社事件，到二二八台灣民兵與國民黨軍隊大戰，而地獄、鬼魂、死者，都是歌詞中經常出現的意象（這也是西方黑死金屬音樂中的重要元素）。

在台灣過去二十年獨立音樂歷史上，閃靈具有舉足輕重的位置。Freddy 深信獨立精神不只是在國家層面，個人更應該要有獨立精神、獨立思考的能力——這才是獨立音樂的真正精神。所以他在台灣積極推動獨立音樂的環境，包括和朋友設立台北過去最重要的演出場所 The Wall，也舉辦大型的獨立搖滾祭「野台開唱」（台北）和「大港開唱」（高雄），這些都對台灣獨立音樂發展起了關鍵作用。

閃靈本身更積極地走向國際市場，在國際金屬樂壇取得一席之地，擁有許多外國歌迷。他們想要證明，不需要像一般台灣音樂或電影依賴中國市場，台灣的獨立音樂依然可以走出去。

對於新興民主化的台灣，一個主流的觀念是「音樂是音樂、政治是政治」，因為對掌權者來說，越是讓人民不關注政治，越能鞏固自己的權力，再加上長期的威權陰影，所以長久以來文化界都希望避免參與和介入政治。這正是 Freddy 所意欲打破的。

在還是一個年輕樂隊時，他們就開始用音樂會的形式，集結獨立樂隊來推動台灣認同和政治意識，如二〇〇一年在二二八公園辦的「Say Yes To Taiwan 演唱會」，後來的西藏自由音樂會（請來美國嘻哈樂隊 Beastie Boys），以及幾屆的轉型正義音樂會（請來曾在捷克共產時代下被逮捕的傳奇樂隊宇宙塑膠人）——這些音樂會是台灣音樂與政治結合的先鋒，也影響後來越來越多的社會運動結合音樂會。在他的「野台開唱」和「大港開唱」音樂祭，也都在現場設置NGO村，邀集NGO團體在這裡擺攤介紹理念，以讓搖滾樂迷更認識到社會議題，更知道搖滾的反叛不是一種空洞的姿態，而是真實的對抗體制。

二〇一五年三月在高雄的「大港開唱」音樂祭——雨傘運動後的三個月，他們請來香港學運領袖黃之鋒和也是意見領袖的著名歌手何韻詩分別舉辦座談會，談年輕人與社運，以及同志運動（我擔任這兩場座談會的主持人）。在晚上的演出，何韻詩演唱了雨傘運動的主題曲〈撐起雨傘〉，並認真學了台語翻唱了台灣太陽花學運的代表歌曲〈島嶼天光〉。在後台的Freddy竟然痛哭了起來，因為不忍心香港的命運如此艱難。

Freddy曾擔任國際特赦組織台灣分會的理事長，推廣人權工作。

太陽花學運後，當這個長髮、有刺青的搖滾人先加入新政黨「時代力量」，而後宣布參選立委時，許多人原本以為這或許只是一場顛覆性的行為藝術，沒想到林昶佐非常認真競選，不但有創意文宣，也在基層努力拜票，來挑戰該選區連任多年、基層穩固的國民黨立委林郁方。此次選舉，台灣的政治氣氛是強烈的世代之戰，國民黨又完全選擇站在青年的對立面，因此一個長期參與社運的搖滾歌手和一個國民黨資深立委的對決，幾乎就是台灣當下政治矛盾的象徵——更不要說後者還公開批評長頭髮的人是心理有問題。而最終長髮搖滾人贏得了選舉。

愛爾蘭樂隊U2主唱Bono在過去十幾年為搖滾樂提出一個新的命題：他成為和全球政經菁英平起平坐談非洲發展的重要人物，他甚至相信政策遊說比演唱會更能改變世界，但是他卻可能疏離於他背後的力量——進步的青年社群。這也會是這個最生猛的台灣搖滾歌手Freddy的難題：接下來他將作一個專業的立法委員，但將如何持續用他的音樂來與青年的聲音連結／動員，帶著他們的力量推動政策，會是一個搖滾史上的有趣範例。

# 這座城市沒有噪音

台北地下文化的基地與十五年來一直是獨立音樂搖籃的 Live House「地下社會」，在二〇一二年七月十五日午夜被迫關門了。這一天，正好是台灣解嚴二十五週年。

回到那個冰冷黑暗的戒嚴體制下，我們只有一個「純淨」的社會，只有單一的價值與意識形態（忠黨愛國加經濟發展），而沒有任何異質與異議的可能：在七〇年代初期，長髮男子還會被抓進警局中剪頭髮。

也是從七〇年代，新的力量，政治的、文化的、社會的，開始掙脫戒嚴體制的霸權價值：文藝青年們開始打破道德法西斯逐步建立起青年反文化；鄉土／本土意識開始對抗陳舊的大中國意識；民主運動開始對黨國體制的控制提出挑戰；各種社會矛盾也不斷爆發，挑戰以經濟成長為唯一價值的發展策略。

腐朽的單一價值秩序逐漸崩解，國民黨終於被迫在一九八七年解嚴。解嚴更進一步解放了人們被桎梏多年的想像力與實踐可能，更多思想、文化與社會的小革命開始在街頭、在書店、在地下室、在人們的腦中湧現。音樂也是——正好在解嚴後，「新台語歌」和地下音樂開始衝擊八〇年代保守的流行音樂。

進入九〇年代初期，各種另類的文化與思潮在島嶼的邊緣爆發，到了九〇年代中期幾乎成就一個高潮——以音樂來說，出現了春天吶喊音樂祭以及野台開唱的前身，而女巫店、地下社會和更多的 live house 出現，一個新的地下文化場景於焉浮現。

只是，隨著形式民主的確立（九六年首次總統直選），以及九〇年代全球化下新自由主義的霸權，八〇年代到九〇年代中期的社會反抗與躁動逐漸平息，部分異議之聲與主流和平共存，只剩少數人繼續持續游擊。

從更大的政治經濟結構來看，戒嚴體制下的政治威權加經濟發展的保守價值雖然不斷被挑戰，但是保守主義的核心並沒有被徹底顛覆。民主化二十多年，人民雖然獲得自由，卻沒有成為真正的主人，而是讓資本成為社會的主人，讓金權政治主導了我們的政治。

解嚴二十五年，經歷這麼多場社會運動和政黨輪替，我們赫然發現發展主義的幽靈回來了，且保守主義的幽靈始終在此——政治戒嚴解除了，道德戒嚴卻開始了。現在的人們比二十五年前的人更懂得追求「美好生活」，但這個美好生活的想像背後是中產階級的道德觀，是地產霸權作為物質基礎。這是威權統治的當代變種，富有的秩序守護者要剷除那些礙眼的異質，要在城市中消滅那些破敗的房子蓋起嶄新的大樓（在許多例子中建商會先蓋起叫做「台北好好看」的假公園），在城市的河岸拆毀破舊的都市原住民部落，要把吸菸者、遊民、偶爾在公園喝酒談天的文藝青年驅逐出公園，要拒絕癌童中途之家進入他們高貴的社區。

於是，我們將生活在一個乾淨無菌、沒有人渣失敗者流浪漢邊緣人搖滾青年與頹廢詩人，最好也沒有窮人的城市；在那裡，將沒有黑暗的地下社會，只有光亮潔白的地上美麗新世界。

走了一個地下社會，不只代表這個城市失去了多樣的豐富靈魂，或者這個政府對於音樂產業的根源是多麼漠視，而是當這座城市沒有了地下噪音，這個民主之殼也將失去異議。

# 台灣民主的海市蜃樓

在我們眼前，是一個個巨大、荒蕪、被遺棄的黑暗廢墟。

他們存在於台灣不同角落，且身分各自不同：××航空站、××文化館、××市場、××體育館、××停車場、××辦公大樓、××觀光遊憩區，乃至範圍遼闊的××工業園區。但現在，他們有一個的共同名字：「蚊子館」。

在我眼前的是一本書：藝術家姚瑞中和他的學生組成的團隊LSD（失落社會檔案室）所出版的新書《海市蜃樓2——台灣公共閒置設施抽樣調查》。書中荒誕而沉默的黑白照片震撼了我們。

一年前他們出版了同書名的第一集，記錄下一座座總共花了納稅人幾百億台幣建造、但現在淪為蚊子館的公共設施。該書的出版引起台灣社會高度關注，行政院長也特別聽取藝術家團隊的報告。

這是藝術介入現實的最佳例子。

然而，問題當然不會就這樣解決，且這些案子都只是「抽樣」。所以姚瑞中與團隊繼續去踏查。在剛出版的第二集中就收錄一百多個案例，包括延宕開發、未完成而閒置、因用途不明或無後續營運預算而低度使用的公共建設或大型工業園區。

最離譜的例子是在雲林縣外海，從九〇年代開始以一百億填海造地，建了一個離島工業園區，現在只是一個荒涼的沉默之島，

「海市蜃樓」其實是對民主政治一個準確而詩意的譬喻：政治人物給予了我們許多空洞美麗的藍圖，而當這些藍圖被打造起來後，人民卻發現那些美夢本質上就是虛幻而空洞的。於是有了那一座座蚊子館。

或者說，這些蚊子館現象正反映了台灣民主體制中三種惡質的政治邏輯。

第一個邏輯是「假民粹主義」。政治人物（不論民意代表或行政部門）把搞大建設（或是大節慶）當作最重要的政績，當作這就是為人民服務，因此拚命爭取地方建設。這之所以是「假民粹主義」是因為「民粹主義」（populism）也可能是進步的，是真正以下層人民利益為主的政治；但這些建設之所以成為蚊子館正是因為他們不是以民眾需求出發，只是製造一個符合地方需要或人民利益的幻影。

當然，所有民主體制都有這個問題。美國有惡名昭彰的「肉桶政治」，國會議員在許

多聯邦法案通過時附加許多有利於自己選區的地方建設條款。日本的政治制度也使得各地造了許多沒用的橋，鋪了許多沒用的路，而被學者戲稱為一個「營建國家」（construction nation）。

蚊子館反映的政治邏輯之二是「發展主義」。戰後的台灣一直是一個以發展主義為核心的國家，以發展之名，環境生態被犧牲、勞工正義被剝削。從八〇年代開始，一波又一波的社會運動開始挑戰既有的發展主義，刺激民眾價值和國家政策重新去調整；但顯然這些反省還不夠，所以台灣的稅制嚴重地傾向富人，而環境與發展的矛盾不斷拉扯。

在過去幾年，一種新開發主義更重新復活，政府開始在全台各地規劃興建各種工業／科技園區，建立更多巨大的怪獸，甚至演變成新圈地運動，與農民搶地搶水。因此，這兩年「土地正義」成為整個社會最熱烈燃燒的議題，農民和原住民接連到凱達格蘭大道前抗議。

這些開發計畫更結合了第三種政治邏輯：地方金權政治。許多計畫表面上追求經濟發展之名，但其實是地方利益分贓，是藉著都市更新之名行炒作土地或包工程之實。

這個分贓政治的背後是地方派系和地方政商集團長期以來對地方資源的高度壟斷。從威權時期開始，國民黨和地方派系就形成一個侍從主義的統治聯盟：中央把地方的寡占性經濟資源分配給少數地方派系，以交換他們的政治支持。民主化後，雖然開放了不少經濟管制，但還是由少數派系掌握這些經濟利益。傳統和新興派系依然牢牢掌控政治參與管道，並不斷地從中央、從地方政府不斷拿錢進行建設以餵養他們從不滿足的口袋。

這三種邏輯，假民粹主義、發展主義、地方金權政治，讓台灣人民繳稅養了這麼多蚊子館，這些金錢不是消失於空中，就是肥了政客與財團。

當政府部門的資源分配只是滿足少數利益集團，當民意代表不能代理人民監督公共資源的分配，當人民不能夠積極參與表達他們的需求與利益，我們的民主是否終將淪為一座真正的蚊子館，真正的海市蜃樓：看似巨大華麗，但其實貧乏而空洞？

# 台北花博的華麗與空虛

二〇一〇年，上海世博在海峽那頭進行，台北也正在熱烈籌備年底開幕的「台北國際花卉博覽會」。只不過一頭熱的似乎主要是台北市政府，市民多半不太關心，不少人則認為預算高達一百二十八億的昂貴花博是「花而不實」。

花博宣稱的三大目的是：一、表現園藝、科技與環保之技術精華；二、達成減碳排放等環保目標；三、結合文化與藝術之綠色生活。但市府的許多做法根本與其宣稱理念背道而馳。

首先，這個號稱生態與綠化的活動，卻移植了一千多棵美術公園及中山公園的樹木。這種砍樹種花的邏輯，以及興建大量花俏的展館來展現減碳排放理念的矛盾邏輯，令人難以苟同。如果這一百億預算拿來種下成千上萬的樹，不是更能綠化城市、降低排碳嗎？或者，如果能將二〇二兵工廠溼地規劃為一個生態園區，不是更能成為我們呈現給世界的一個美麗城市奇蹟嗎？

再者，如同上海為了世博拆遷成千上萬戶人家，台北花博也為了興建花博場館搬遷圓山站附近四十九戶老舊住家。官方理由是為了塑造花博重要入口意象，所以要變更雜亂窳陋之公有土地。於是，為了一個短期活動，竟然要強迫弱勢公民搬離一生的居所。

此外，花博強調文化與藝術，並徵求民間舉辦六千場與花博主題相關的藝文活動，但這種為了政府目標大規模動員資源推動的文化活動，讓人真以為這是威權上海。尤其文建會在二〇一〇年度的預算只有九十二億，故花博的預算比文建會還高。顯然，這種目標集中的大型歡樂節慶反映了官方文化想像的貧乏；他們追求的是文化節慶化、城市奇觀化，剝奪這些資源被用在更多草根的、長期的文化實踐的可能。

如同《博覽會的政治學》一書所說，博覽會一向是極為政治性、意識形態性的文化戰略，且在過去是帝國主義的權力展現、是現代性商品的展示場。台北花博當然也是政治性的：其所宣稱的美好宗旨只是表面的修辭，真正的目的是要創造巨大商機、吸引眾多遊客（官方估計六百萬人），來建築起一個偉大的政績——雖然似乎很少人相信真能吸引多少國際遊客。

真正核心的問題是，如此金額龐大的超大型活動應該要連結起城市的長期願景。然而，沒有人知道花博會為台北帶來什麼長遠的改造視野，沒有人知道在一場熱鬧之後，一百億將會留下什麼。而且，在這個龐大城市節慶的規劃過程中，市民沒有機會充分參與，沒有機會拋出他們對城市的想像與期待。於是，民主的台北和威權的中國城市竟然如此接近，都是由官方由上而下強制給人們一套自以為是的城市幻夢，都是用人民的稅金創造了一場空洞而短暫的華麗，而我們卻只能觀望著這場黑色幽默的拚政績遊戲。

上海世博是一場展現中國躍上世界舞台的權力投影。如果民主的台北真的要與上海世博較勁，那麼不是應該要比「大」，而是應展示一個「草根力量」的城市：這個「草根」既是由下而上的市民公共參與，也是字面上的草——遍布各角落的生態綠意，而非建構少數大型的綠色展館，並提出對於市民生活、生態環境與城市願景的深度反思。

## 《牽阮的手》
### ——百年論述中不敢面對的真相

一九四〇年代的台南，熱愛知識與真理的青年醫師田朝明和十七歲少女田孟淑瘋狂相愛。這是段不被允許的戀情。

但他們如此相愛，於是，他們牽起對方的手，為愛私奔。

這一奔就是六十多年，而這六十多年的溫柔時光，也正是一部戰後台灣的顛簸歷史。

一九四七年二二八事件爆發，田朝明激動地要去參加武裝抵抗。湯德章律師說，你們村子只有兩個醫生，你又是獨子，所以硬把他帶回山上。

湯德章保護了田朝明，卻保護不了自己。幾天後，他被逮捕、被酷刑，然後槍決。

此後，田朝明每年二月二十八號這一天都禁食。他說：人就是要為了真理而受苦。

一九四九年「中華民國」來台，此前台灣已全面實行軍事戒嚴。台灣進入以謊言與恐懼，用領袖崇拜來統治的獨裁時代。

一九五〇年代後期，田朝明與雷震、李萬居、黃玉嬌都有來往。他也參加了他們準備籌組的「中國民主黨」。但一九六〇年的組黨前夕，雷震被逮捕，計畫夭折。

一九六二年，田家搬到台北，住在《公論報》創辦人李萬居附近。《公論報》是那個時代少數願意對抗黨國體制謊言的報紙，尤其是在《自由中國》停刊之後。李萬居也和田醫師談了許多省議會中不公不義之事，讓田醫生對政局的不滿越來越深。

一九六〇年代後期到七〇年代，田氏夫婦開始與國際特赦組織合作援救政治犯。一九七一年，謝聰敏、魏廷朝和李敖被指控參與花旗銀行及美國新聞處爆炸案，都被判處十年以上徒刑；謝聰敏之妹找上田醫師，告知他們獄中的殘忍刑求方法。年輕的人權工作者陳菊也常在田醫師的醫院和海外人權組織接頭。雷震出獄後，也與他們來往密切。田氏夫婦對政治犯家屬的照顧。陳菊說，哪一個政治犯沒吃過田媽媽的粽子。

七〇年代，時代的光亮漸漸打開：黨外運動開始逐漸組織，各種思想與文化運動一步步掙脫體制的囚禁，直到美麗島大鎮壓代表威權體制的反撲。

一九八〇年二月二十八日，林義雄因美麗島事件而在牢中，暴徒卻闖進他台北家中，極其殘忍地殺害了他六十歲母親與一對可愛的雙胞胎女兒。田秋堇（時為林義雄之妻方素敏的秘書）和田爸爸與田媽媽最早到血案現場，目睹這人間地獄。

林宅血案血淋淋地揭開了台灣八〇年代劇烈轉變的序幕。從八〇年代中期到九〇年代初，田爸爸和田媽媽總是在街頭上，反對戒嚴、參與農民運動、追求主張台灣獨立的自由、反對核四等等。

一九八七年七月解嚴。那一年，田朝明七十歲，他仍在街頭上激憤地拿著擴音機抗議。

一九八九年四月，鄭南榕自焚前幾天將自己鎖在辦公室時，田朝明與他談尼采與人生，希望勸阻他。但他失敗了。

鄭南榕自焚代表的是，即使已經解嚴，台灣仍然沒有言論自由的公民權。要到一九九一年廢除刑法一百條，台灣才獲得基本言論自由的保障。而在廢除刑法一百條的抗爭現場，田爸爸與田媽媽也仍然在那裡。

這是紀錄片《牽阮的手》中，田朝明和田孟淑夫婦的故事。在戰後六十年來台灣歷史的陰暗與光明的交疊中，他們總是在歷史前端的現場，但他們又如同許許多多的參與者，不是檯面上最耀眼的名字，卻是運動不可或缺的貢獻者。當然，我們大多數人或是錯過那些歷史，或是沒有在那些歷史中扮演悲劇或英雄角色，但這是整個台灣一同走過、一同承繼的歷史。

這段從二二八到民主化之前的漫長黑夜，也是今年的建國百年論述中，以及《夢想家》

音樂劇中，不敢面對的台灣真相。中華民國的百年生日確實值得紀念，但是這個紀念應該是站在對歷史的真誠反省上，去面向未來。如果是美國紀念建國三百年，他們會不去談十九世紀的黑奴解放，不去談六〇年代的民權運動嗎？或者其他第三世界新興民主國家，會不去談他們推翻獨裁的歷史時刻嗎？

然而，官方對中華民國百年歷史的論述是從辛亥革命，直接跳到當下的國民黨執政。我們看不到一九四九年之前台灣人民的故事，看不到那年開始的戒嚴，看不到在森冷的白色恐怖下，他們槍殺了許多抵抗者，錯殺了許多無辜者，逮捕了許多異議者——不論本省外省左派獨派。建國百年史中真正的「夢想家」，就那群以青春血淚去追求台灣的自由與正義的人。你可能不同意陳映真或者鄭南榕的統獨立場，你可能不喜歡現在的施明德、許信良，但他們確實是在歷史黑夜中閃著光芒的星星；當然，還有田朝明、田媽媽以及其他許多更無名的人。他們的故事才是百年歷史中最讓人感動與興奮的，而這應該是今日台灣的共同歷史遺產。

當然，這個反省的空白，只因為民主化後的台灣並沒有認真實踐過轉型正義，沒有好好還給歷史一個正義。因為沒有深切的反省與價值判斷，郝柏村先生才會說出「沒有戒嚴，哪有民主」；這樣一句話在任何一個民主國家中，都會引起軒然大波，而必須鞠躬道歉。

感謝他的誠實，我們可以得知，當年的統治集團中可能很多人也都有同樣想法。
要認識百年來台灣人如何追求夢想，人們更該看的是《牽阮的手》，而不是《夢想家》。

## 《寶島一村》遺忘的眷村歷史

由知名劇場導演賴聲川、台灣綜藝節目重要推手王偉忠聯合擔任編劇與導演的話劇《寶島一村》從〇八年開始，在台灣、中國巡迴演出多場。

《寶島一村》是關於台灣眷村的歷史，主角是嘉義眷村中的幾戶人家，從一九四九年村子創立開始，到八〇年代之後眷村被拆遷的故事。

在劇院中，全場被一個接一個段子逗得開心笑著，到最後也有人哽咽。但在黑暗中的我，一個眷村長大的小孩，卻絲毫笑不出來，只有失望。

眷村是台灣歷史上獨特的制度、居住空間，和族群文化。作為一個獨立的生活空間，一個自給自足的社區，眷村象徵了一九四九年後外省人在台灣的社會位置：他們被那道「竹籬笆」隔離於本地社會，從語言到生活文化上，因此造成他們和本省人之間的距離。當然，許多眷村人走出了圈子，在外面讀書、工作，和本省人通婚，但也有許多人的世界還是以村子為主，或者始終維繫著他們在村子中養成的世界觀。

進入八〇年代，巨大的政治變遷啟動了，民進黨出現了，本土化力量崛起了，眷村外省人原有的秩序逐漸瓦解了，政治不再是他們熟悉的政治，社會也開始變得陌生起來。也是在這個時候，國民黨政府開始推動眷村改建與都市更新，他們的村子，他們的社區，甚至他們的家，也逐漸崩解。

眷村人被迫走入走入一個新的台灣。

《寶島一村》企圖要呈現這樣的歷史變遷，但整齣戲大部分是綜藝笑話和溫情的感傷，缺乏更深刻的歷史反思，也沒有對眷村的特殊性有更細膩的探索，十分可惜。

當然，這段歷史的荒誕和哀傷太過於巨大，所以當然有許多有趣或者感傷的題材。比如，兩岸開放探親後，許多外省老人第一次回到大陸老家，見到（或者沒見到）四十年不見的老父老母，甚或四十年前剛娶的妻子，這無疑是令人顫動的時代悲哀。但是，《寶島一村》對這些故事的呈現，彷彿我們還活在九〇年代初期，才剛剛認識這種歷史捉弄人命運的無奈。

又如女主角二毛曾經一度激動的提到，「這圍牆裡都是假的，外面才是真的！」或者「這邊所有的人都走不出去」。這應該是問題的核心，但在劇中的這話卻很突兀，缺乏鋪陳。畢竟眷村第二代年輕人看到外面的世界，再回頭看村子裡中那個緊密的小世界時，他們的思索與掙扎應該是最精采的部分，但卻沒有後續發展。

同樣，黨外運動的出現對眷村人的黨國信念是很大的衝擊。劇中女主角簡單交代說有一個在黨外工作的男友，而在最後把他帶回村子吃團聚飯，以表示族群和解。這同樣是簡化了最核心的眷村和外界的矛盾，因為這個女主角很可能會面對愛情與政治的矛盾（如果她支持國民黨），或者如果她自己是支持黨外，而必然會在家中產生家庭革命，但這些掙扎也都沒在劇中出現。

劇中兩次點到白色恐怖有關的事件，一次是有人因匪諜罪而「消失」，另一次是主角之一的父親被情治單位帶去問話並刑求。那位父親回來了，但我們看不見他的恐懼，而只有搞笑。然而，一個忠黨愛國的退伍軍人被情治單位帶走數天，這對整個家庭和鄰居會是多麼嚴重的影響？這些笑話化解了那個陰森與恐怖，卻也化解了歷史的重量。相對的，在另一齣關於眷村生活的電影《牯嶺街少年殺人事件》，導演楊德昌一段簡單地涉及白色恐怖的段落就顯得深沉而真實。

《寶島一村》呈現了眷村生活中的趣味與哀愁、愛情與成長的無奈，以及最終人們離鄉背井的感傷，但這些可能出現在任何地方，而不是只在眷村。如米蘭．昆德拉說，生命和歷史都是謬誤，也都是玩笑——這確實是寶島一村和眷村人的命運。這些玩笑本來是應該讓人笑不出來，但《寶島一村》卻讓人在發笑之後，遺忘了真正的歷史。

# 悲劇之後，理解惡之根源

我們悲傷，我們憤怒，我們恐懼。

一個八歲女童在小學校園中遭到歹徒闖入割喉而不幸死亡行為，引起整個社會喧然，充滿著憤怒與悲傷。

當然，我也對這些傢伙極為憤怒，畢竟他們奪走了美麗的玫瑰，他們犯下的惡太過殘暴；我甚至也對生活中莫名的隨機暴力感到擔憂與恐懼。但是我知道，我們不能用國家暴力來解決我們的恐懼，不能用恐懼綁架我們的文明。而且殺了他們，就會減少下一個殺人犯嗎？

沒有一個議題比死刑／廢除死刑更能牽動台灣人的敏感神經，更造成人們的分裂，畢竟這是對於生命價值的看法。

每次的殘酷殺人事件之後，這個社會就陷入奇異的癲狂。許多人激動地要求快點處死嫌犯，例如此次事件馬上有人要組織遊行，主張「請政府遵守法律，該判死刑就該判死刑，而不是為了不判死刑而找盡各種理由，法庭是用來判決，不是用來聽故事或者做治療的！沒有任何配套的廢除死刑，是逼人民動用私刑。」

電視名嘴們也不斷煽動人們的惶恐與悲憤，惡劣政客們如國民黨籍蔡姓立委則不忘政治鬥爭：「這是台灣的惡魔，該判處死刑！但是蔡英文說，廢除死刑是普世價值，去她的普世價值！」

許多人的第一反應更是痛罵長期推動「台灣廢死聯盟」，有人詛咒他們被殺害，有人直接對他們人身進行威脅。莫非台灣已經廢除死刑，甚至剛剛廢除死刑，所以一個慘案發生，會有這麼多人情緒性地痛罵廢除死刑主張？

但事實上，台灣不但有死刑，還在過去幾年處死過不少人。

激憤者們當然大多是善良而正義的。但在這種素樸義憤湧現的背後，尤其是在媒體操作和煽動之後，人們卻可能被黑暗魔鬼所擄獲：一個平常溫柔的父親在臉書上說，希望下一個被殺死的是廢死聯盟；另一個平時理性的朋友說，台灣雖然有死刑，但處死的太少，有名無實——所以，一年要殺戮多少人才算是真正有死刑呢？

殺殺殺殺殺。

無助的我們開始信仰暴力，信仰國家暴力可以解決一切問題。

我們開始恐慌。去年捷運殺人，電視名嘴說在捷運站要重裝守衛，學習北京地鐵站檢查包包；這次校園殺人，有人說要把牆築的更高。所以，更多警察，更多安檢儀器，台灣就會更安全了？嚴刑峻法的警察國家是我們要選擇的理想社會嗎？

我們把自己牢牢地守衛起來，把我們的心和腦封閉起來，拒絕更深刻地理解人的複雜性——當然理解不是為了赦免罪惡，而是為了不讓我們自己去簡化人性與罪惡的關係，並且對產生這些罪惡（或者「怪物」，如果你這麼認為）的社會脈絡有更豐富的認識。唯有如此，我們才能真正去面對和解決問題，防止更多的犯罪。

然而，悲劇產生的痛心感和正義感，轉化成對嫌犯和廢死主張者的仇恨，以及對另一場血腥死亡的期待，彷彿以正義之名凝視他人的死亡，就可以遏止罪惡的發生，而無需去思考問題的複雜面向。

諷刺的是，在這過程中，媒體收視率增加了，名嘴和政客得到廉價的掌聲了，世界卻不會因此被改變，除了繼續蔓延的黑色陰影。

我想起看過一部吉田修一同名小說改編的日本電影《惡人》，劇情講一個寂寞疏離的日本青年（偶像明星妻夫木聰飾演）愛慕一個女孩，又被那個女孩侮辱，盛怒下殺了她。

如果沒有前面他生命故事的鋪陳，只讀到殺人慘案第二天的媒體報導，我們當然會以為此人是極凶殘之人；但看了這個片的人，卻多少會對殺人者有些同情。當然，同情不代表他沒有「惡」，也不代表他不應該被懲罰，但就如著名作家艾倫狄波頓在《新聞的騷動》一書中所說：「我們對於一個殺害了自己的配偶或子女的人能否產生同情心，有一大部分乃是取決於這個人的故事獲得怎麼樣的講述：我們對這個人得知了哪些資訊，我們對他的動機有怎麼樣的了解，以及這個人的內心世界以多麼深刻的洞見與複雜度呈現在我們眼前。」

我還喜歡狄波頓在書中的另外一段對媒體的期許，我相信這也是對我們這個社會期許：我們「要把駭人聽聞的恐怖故事（毫無意義地描述令人不忍卒睹的事件），轉變為亞里斯多德所謂的『悲劇』（從令人憎惡的事件當中形塑出一則具有教育意義的故事）。」

媒體不應該只是製造恐懼、仇恨與歧視（如果該嫌犯被證實是精神病患），而是應該增進我們的彼此理解。畢竟，每一次的悲劇與災難，都是這個社會的傷口，也都是試煉著我們如何認識這個社會，如何建立我們的社會信任。

廢死聯盟前法務主任苗博雅在臉書發文說，根據日本法務省的研究，六十一件隨機殺人案中，有二十二件（42.3％）動機是「對自己的境遇不滿」，十人是「對特定人士感到不滿」，九人是因為「自認無法在外生活而想要坐牢」，六人是「想自殺、想被判死刑」，五人是基於有殺人的慾望。法務省對於防範隨機殺人事件因此給了兩大建議：1. 對於有前科者給予正確的處遇。2. 整體社會政策方針：例如穩定就業，讓所有人都可以依據其意願發揮能力；對精神障礙者給予正確處遇；對於自殺高危險群進行自殺防治輔導。

她認為，此前的湯姆熊隨機割喉案、捷運隨機殺人案，以及此次小學隨機割喉案，三位加害人的共通點都是「對未來喪失希望」。因此，她主張透過制度改革，讓台灣成為人人都有機會幸福、尊嚴地生活的國度，如此才能阻斷養成「怪物」的路徑。

你可以不同意上述日本法務省的分析和苗博雅的理想，你也可以在研究過各種論述分析後，依然相信死刑在道德和現實上比廢除死刑更好，但我們必須承認的是，死刑制度無法阻止一次又一次殘暴悲劇，咒罵廢死聯盟也無法阻止下一場慘案，我們更必須承認，我們尚未能真正理解人性中那些黑暗陰冷的角落，那些難以抵達的人性之謎。

關鍵是，作為一個道德共同體，我們容或有不同價值，但願意共同思考事件發生的原因，嘗試理解人性中的幽微灰暗，討論制度的作用與限制，而不是被悲憤的情緒與簡單的思維綁架。

二〇一一年七月發生於挪威于托亞小島的重大槍擊案後，一位悼念者說，「他（殺人犯）奪走我們最美的玫瑰，可是帶不走一個春天」。是的，八歲的美麗玫瑰悲傷地消逝了，

但每一次的悲劇應該讓我們對悲劇的產生有更多的理解，應該讓我們開啟更多場新對話，
並且讓這個社會更帶著悲憫尋求良善的春天。

# 不只是寫一首詩

多麼希望，我的詩句
可以鑄造成子彈
射穿貪得無厭的腦袋
或者冶煉成刀劍
刺入私慾不斷膨脹的胸膛
但我不能。我只能忍抑又忍抑
寫一首哀傷而無用的詩
吞下無比焦慮與悲憤

——吳晟

二〇一〇年秋天，吳晟老師在立法院的藝文界反國光石化記者會上朗讀了這首〈只能為你寫一首詩〉。那天，許多作家、導演、音樂人都到場：李昂、鴻鴻、吳明益、劉克襄、林正盛、陳明章、蔡詩萍多名作家和我都來到現場。出席者之外，他們也帶來了藝文界數百人的連署。

而後，吳晟與吳明益兩位作家編纂了一本書《溼地、石化、島嶼想像》，收入了相關的詩與歌，還有學者的論述與分析。

而後，在一次與吳老師的碰面中，我們討論到既然有這麼多藝文界支持，應該可以有更多的創作出來。這場運動要有理性的論述分析，也要有更多感性的書寫與描繪，而這些創作必須來自真實的感受與感動。

我們為何不邀請更多人實際上去彰化腳踩那片溼地，感受大地的律動呢？

畢竟，很多人在理念上支持台灣不應該繼續發展高耗能、高污染的石化產業，不應該讓龐大的石化巨獸污染我們的天空、我們的食物，應該要保護瀕臨絕種的白海豚。然而，理念歸理念，到底那片被形容為蘊含生命力的溼地踩起來是什麼感覺？

於是由吳晟老師召集，文訊雜誌協助聯繫作家，賴和基金會和青平台基金會提供行政資源，彰化環保聯盟幫忙在地導覽，加上吳明益和我，組織了第一次的作家行。

一開始多少有些忐忑不安。我們希望邀請許多重量級作家，尤其是過去與社會運動關係比較遠的，如此才能更有震撼力。最後一個個出現的名字讓我們興奮不已：愛亞、心岱、陳義芝、楊澤、向陽、季季、小野、古蒙仁、陳若曦、汪其楣、顏艾琳等數十位資深重量級作家。集合時，大家對於這一場藝文界的春遊都很興奮；一位前輩開玩笑說，這個陣容彷彿是某資深作家的喪禮。

我們也籌劃了三月十九日的第二波，由鴻鴻、吳志寧和我三人聯名發起邀請，目標是不同創作領域中比較年輕的創作者，包括電影、音樂和文學等，最後有五六十位出席。（鄭愁予先生下午從金門飛來與我們會合。）

這批文化隊伍早晨從台北出發，第一站是到彰化王功看黑白相間的燈塔、迷人的海岸，吃王功著名的蚵仔大餐。

彰化地區是台灣重要的蔬果肉品產地：水稻量是全國第一、蔬菜量全國第二、豬肉、雞蛋產量占全國四成以上；台灣每十顆文蛤就有八顆來自濁水溪口。這裡是台灣的穀倉，台灣的魚米之鄉。尤其，彰化西岸的養蚵歷史已經有三百年，形成一個複雜的蚵經濟鏈，產業鏈涉及幾十萬人。

國光石化一旦建造起來，這個糧倉將會崩塌，人們深愛的蚵仔煎將會被染黑。

飯後，我們前往濁水溪口北岸的大城溼地——這裡，就是國光石化預定地。

什麼是溼地？溼地是長時間呈潮溼或浸水狀態的土地，不論是長草還是長樹林，不論是人工還是天然，不論是河邊湖邊或是海邊；溼地是地球上生物多樣性及生產力最高的生態系統之一，且具有重要的碳吸納能力。大城溼地是台灣僅存最後一段自然的泥質潮間灘地。

行政院於一九八四年二月依「台灣沿海地區自然環境保護計畫」將彰化縣沿海規劃為彰雲嘉沿海保護區的一部分，大城溼地亦為保護區中的一部分；而在一九九五年又將其規劃為台灣海岸地區環境敏感地帶保護區示範規劃中的彰化縣／雲林縣濁水溪口生態敏感區。

農委會的網站上說：「大城溼地為台灣重要野鳥棲地之一，共記錄有八十九種鳥種。其中以珍稀的黑嘴鷗最受人注目，估計此區約有一百隻黑嘴鷗在此活動。此地亦有許多其他保育鳥種發現紀錄，如唐白鷺、遊隼、小燕鷗、紅尾伯勞、喜鵲等，另外，也曾有六十二隻鳳頭潛鴨的紀錄。」此外，這裡是中華白海豚的棲息，更是彰化沿海養殖牡蠣、文蛤產業的主要基地。

但這些都只是文字資料。到了現場，我們才真正體會到什麼叫做泥質潮間溼地。第一趟資深作家的行程，因為潮汐的關係，作家們只能在岸邊看海岸的無限美好，以及陽光下閃閃發亮的溼地。在這個廣大的潮間帶泥地上，有許多掛著一串串蚵仔的樁，這是所謂的「平掛式養殖法」。為了將蚵仔從海中運到陸地上，蚵農是用牛車或者自行組裝的拼裝鐵牛車來載運。芳苑普天宮外的番挖聚落，至今還有二十六隻專門可以載蚵的黃牛。而這兩次，大家都見到了號稱「牛媽媽」謝素阿嬤。阿嬤賣著自製的好吃花生，聊起他們的生活，並且質疑為何要把國光石化蓋在此。

第二次，我們終於有機會站上蚵農的鐵牛車，緩緩地從芳苑普天宮出發，穿越老社區中古樸的小巷老屋，到了海邊。接著，車子搖晃著進入在泥灘溼地中間的一條路，往海中開去。

當看似路到盡頭，前面就是海水時，鐵牛車竟無懼地行入海中，讓所有人驚呼。當然，水位不高，而路的兩邊都插著蚵架，讓蚵農可以判斷海水的高度。

鐵牛車在退潮的海中走了約幾公里，這就是所謂的潮間帶。

我們在這條隱形的路的盡頭下了車，海水約到腳踝之處。回頭看去，海岸距離我們如此遙遠，我們彷彿被空降在這茫茫之海中。大夥興奮地在水中走動、照相，品嘗蚵農朋友準備的生蚵和哇沙米。

幾位蚵農在我們旁邊工作，更遠些一個孤單的身影在大海中彎腰採蚵。

對他們來說，這是每天的辛勞，是生命的汗水。但我們卻驚訝於如此魔幻的海中場景，感嘆於彰化環盟理事長蔡嘉陽所說的海岸環境、產業經濟和自然生態的密切結合。大家興奮地說，這絕對是世界級的生態觀光體驗：讓人們來海中和蚵農採蚵，食用最新鮮的生蚵。

瞭望萬頃的泥灘溼地
我站在芳苑海堤，往南望是大城
再南是已遭六輕侵凌的麥寮
高聳的煙囪噴吐著芳香煙
輕油裂解無饜地
汲吸著濁水溪

鍋爐燃燒，日夜網羅著百姓
以灰黑的懸浮微粒
以濃濁的二氧化碳
以廉價施捨的補償金

## 以無人能解答的問題以謊言

——陳義之

不遠之處，濁水溪口的南岸，就是六輕。當年，他們也說六輕有最高級的環保措施，不會造成公害。但幾年來，六輕不但嚴重污染空氣與海水，造成附近居民罹癌率大幅提升，更不斷發生工安問題。

若國光石化一旦建成，台灣的生命之河濁水溪將會被南北的石化廠活生生地勒死。是什麼樣的國家會犯下如此殘忍的謀殺？

作家林文義說，雲林六輕廠，讓西部海岸線整天灰濛濛，木麻黃也枯黃殆盡，「實在不應該再蓋國光石化」。

另一個作家問說，可是，台灣還有許多人會認為，這些生物多樣性又怎麼樣？候鳥、白海豚、招潮蟹這些生物，難道比不上經濟發展重要？

我說，難道，我們就讓一座座冰冷灰白的工廠鎮壓那些黑嘴鷗，占領那些美麗的溼地，驅趕那些一世居住於此的蚵農，讓台灣的海岸成為樂隊拷秋勤形容的「灰色海岸線」嗎？

其實，這個溼地的命運，不正是這個島嶼命運的象徵嗎？一旦我們放棄了這片溼地，就表示人們不在乎那些生機蓬勃的生命，而讓島嶼成為一個只剩下煙囪、金錢與ＧＤＰ的無生命島嶼。

如果這就是他們要的。

# 《當代》雜誌與反的哲學

一九八六年，黎明前夕的曖昧與躁動。

八〇年代的各種社會抗議、衝突層層累積，威權體制的鎮壓能力和蔣經國的意志則逐漸弱化。九月二十八日，民主進步黨成立，不到一年後，一九八七年七月十五日，國民黨宣布廢除長達三十多年的軍事戒嚴令，台灣開啟民主化的大門。

那也是一個思想沸騰的年代。《人間》雜誌用黑白的影像挖掘著島嶼的悲傷與苦難，《南方》雜誌深思著反抗的理論與實踐，復刊的《文星》仍然高舉著思想火炬，承傳自由主義薪火的《中國論壇》也更積極與這個反抗的時代對話。而八六年五月，一個知識份子氣味濃厚的新雜誌創刊了：《當代》。往後十年，《當代》的封面不斷影響了台灣知識青年們對西方思潮的認識……

二十多年來，八〇年代的那些啟蒙刊物一一陣亡，九〇年代的思想性刊物如《島嶼邊緣》也已經退場。《當代》雖然經過中間一次停刊，卻一路挺到二〇〇八年，雖然性質和重心已經大為改變。二〇一〇年再次復刊，但重心更強調台灣的政治論述。

這個轉變不只是《當代》這本雜誌的轉型，也在某種程度上象徵著台灣知識／政治版圖的轉型。

一九八六年。《中國時報》人間副刊主編金恆煒因為受到報社許多政治限制，想要自己出來辦一份刊物。由於他過去在美國以及在中時人間的人脈，得以邀請許多重量級的學者如余英時、杜維明、金耀基、李歐梵、張忠棟等數十位加入編輯委員會。事實上，《當代》雜誌上並沒有總編輯這個職稱，只有「編輯委員會」，因為金恆煒認為這不是他一個人的工作，而是知識份子的集體工作。當時有很多學者出錢出力，也有一群人如黃道琳、錢永祥、石守謙等一起策劃題目，但實際上主要是金恆煒自己一個人在家擔任編輯工作。

八〇年代後期的台灣，人們正在尋找反抗的思想資源來對抗瀕臨崩解的舊威權秩序，所以從新馬到後現代、後殖民等思潮，都深深啟發當時的知識文化界。在《當代》創刊號的發刊詞〈是當代也是反當代〉中說，《當代》創刊號介紹傅柯不是偶然的：「傅柯強調我們的當代文化強調專業訓練……專業訓練容易使我們現代人陷入專業的條條框框而自我異化，成為單向的技術人。所以專業訓練有雙面性，既是具有教育意義的訓練，也是牢籠式的管教。這正是我們強調的 pro and con。」

這段宣言清楚展現他們當時對知識作為一種批判武器，而非專業主義禁臠的信念。《當代》的創刊號封面是法國哲學家米修傅柯，因為當時思想界已經有不少人關心。但他們本來是想要在創刊時做六〇年代和海外保釣運動專題，只是戒嚴時期下這些議題比較敏感，直到第二、三期，他們才做了連續兩期的六〇年代專題，第四期封面則是另一個法國哲學家德希達。

根據金恆煒對筆者的說法，最早的《當代》是承接起之前《文星》引進西方思潮的角色，希望拉高台灣自己的思想水平；更具體說，前十年是以介紹法國思潮為主，第二個十年則更著重德國思想，但也逐漸把關懷重心放在台灣，因為西方的思潮越來越容易取得，且有許多年輕學者回來台灣傳遞新的知識。但與此同時，台灣的知識界，特別是在八〇年代共同反國民黨體制的批判知識界，在九〇年代開始隨著統獨／省籍意識的激化而逐漸分裂。重要的知識份子團體「澄社」，或者批判性的知識刊物《台灣社會研究季刊》、《島嶼邊緣》都因為這個問題出現分化或內部緊張。

金恆煒自己也在媒體上越來越發表被視為具有鮮明的綠色色彩的言論，雖然他並不同意這個顏色標籤，而強調他堅持的是自由民主和人權。他說，像余英時那樣具有強大中國文化情懷的人，因為他堅持反共，所以他也很尊敬他。

在後期的《當代》是以對台灣的政治評論為主，這一方面是金恆煒個人關注重心的轉變——他希望辦一本像美國《新共和》那樣的政治刊物，另方面或許也反映了這個社會不再對西方知識的引進感到飢渴。

台灣當然需要一份好的政治論述刊物，一份關於價值澄清、政策辯論的刊物。長久以來，既有政治力量早已出現「哲學的貧困」，而媒體的淺薄化也不容許深刻有思想的文章呈現，整個社會走向思想的空洞化。

二十年前，我們需要反抗的哲學，不論老左、新左、後殖民理論等。二十年來，彼此抗衡的政治力量早已成形，卻也日益空洞化。我們期待政治的辯論可以更堅實而深刻，而且當在狹義政治場域的辯論之外，更需要「反的哲學」。

# 輯二——香港

# 香港文化的「新獨立世代」

二〇一五年四月下旬，我在香港藝術中心參加一場「文藝復興之女流音樂會」，音樂會主角是三個剛發個人首張專輯的年輕女創作歌手，嘉賓有活躍的獨立樂隊雞蛋蒸肉餅和知名的女歌手林二汶與盧凱彤。

這是一場豐盛的音樂饗宴，這也可能是香港文化的未來——其中一位歌手唐藝在演唱會的兩天後，在香港 iTunes 拿下不分類別音樂榜的第二名，另一位盧敏拿下第四名，該榜的第一名是英國樂隊 Blur。亦即這兩位年輕女生的排行超越所有知名華語主流歌手。

香港正在經歷一場文化典範的轉移。

八九〇年代是香港流行文化的黃金時代，但那些華麗如今已經不會再復返了。電影工業的北上讓香港電影產業空洞化——在去年金像獎典禮上，以電影《殭屍》得到最佳女配角的惠英紅就說很感謝導演，因為香港演員機會越來越少了。看看每年最佳女主角的提名，香港演員幾乎都是少數。

然而，另一方面，許多獨立電影創作者正在寫下這個城市的故事。我有幸擔任第二十屆香港 ifva（獨立短片與影像媒體比賽）的公開組評審，在評審過程中我看到香港年輕一代創作者豐沛的創作能量，深為震動。但諷刺的是，四月香港電影金像獎頒獎典禮上，司儀之一的林家棟對於獨立電影《點對點》表現出不尊重的態度。顯然，許多上一代的電影人，不知道他們已經退到懸崖的邊緣。

香港主流音樂也早已喪失了想像力與創造力，但新一代的獨立音樂工作者正在彈奏這個城市的聲音——香港知名獨立樂隊 My Little Airport、岑寧兒都拿下過排行榜第一名。年輕人渴望真實的聲音來表達他們的情緒與情感，當主流音樂越來越貧血，更真實與誠懇的獨立創作因而會被越來越多年輕人喜愛。

台灣和香港的主流音樂都早已步入困境，但香港的獨立音樂工作者卻更困難去發展，這主要是因為香港的惡劣環境，包括地產霸權使得演出場地很難生存，更遑論還有政治的壓力——例如嶺南大學學生會邀請的獨立樂隊在校園中演出，唱了罵警察的粗口，政治人物激烈要求關閉學生會、拘捕樂隊，連校長都出來批評學生會。粗口罵人不值得鼓勵，但這在任何自由社會都是一種基本的創作自由表現，沒有人會因此大驚小怪。這件事更證明演唱會原來的主題是如此貼切：「黑暗時代抗爭音樂會」。

而音樂人何韻詩在雨傘運動之後成為獨立歌手，她說以往在大唱片公司，其實相當「離地」，成為獨立歌手之後，才發現在香港，有這麼多精采的獨立文化工作者。尤其在雨傘運動不只看到一整代青年為了他們相信的香港而站出來，也看到他們在運動中展現的草根創意和文化能量是如此巨大。

這個城市的光輝夜景可能的確逐漸黯淡。但是未來香港的燦爛，將不再是那些維港邊的離地高樓，而是高樓之下的地面，是爬不上高樓的青年人的創意與想像力。以年輕人為主的「新獨立世代」已經來到香港。

與這個新獨立時代同時出現的，是香港年輕世代進入了「後中環價值」。

一如許多人所感嘆，這個城市越來越多部分走向死亡與崩壞：老店與社區、傳統生活方式、核心價值、政治人物與警察的可信任度、政治管治等等。但另一方面，過去幾年，新的力量、新的價值、新的聲音也在這個城市崛起；他們揚棄過去主流的中環價值，具有更多元的想像、更強烈的本土意識、渴望更獨立與自由的生活；他們追求從社區保育、土地正義、本土農業、支持小販到同志運動，當然，還有本文前述的各種獨立文化創作。

去年有一部獨立製作的短片《香港將於33年後毀滅》，在網路上有超過七十萬人觀看。影片描述一個小行星將在三十三年後擊中香港，造成大災難，因此大財團和有辦法的人都紛紛離開香港——接下來故事一轉，幾年之後，香港人更少，更舒服，少了大商場之後有更多不同小販，人人都可以買得起樓了，而少了大批自由行和水貨客後，來的觀光客是更珍惜和喜愛香港的外國人。當然最後新科技的發展阻止了這場災難發生。而那時的香港，再也不一樣了。

這個七分鐘的短片不只內容極有想像力，且這電影本身就是代表香港年輕世代的價值和創作能量。

舊的香港的確正在死亡，但年輕世代正在創造一個美麗新香港。

# 香港人的台灣情

搬來香港後，幾乎遇見的每個人都跟我說很喜歡台灣，說台灣多麼舒服，多適合生活。「移民台灣」也成為媒體熱門話題。

的確，報章雜誌每個月幾乎都有關於台灣的旅遊報導，地點也越來越深入；前兩年在香港最紅的一家咖啡店，是來自台北的一家咖啡店，任何時段都要至少排隊一小時以上。我問朋友為何愛去，她們說因為很有「台味」，香港服務生會講「國語」服務。

香港來台的遊客除了傳統的旅遊行程（從西門町到墾丁），還有許多是為了逛巷弄文化、喝文青咖啡、或者去東海岸騎自行車。

而在香港大學的民調中，港人最有好感的人就是台灣人。

為什麼如今台灣在港人心中呈現如此神奇的魅力呢？十年之前，香港人可能自己覺得比台灣「先進」（我們台灣人可能也這麼覺得），流行文化也比台灣更強大，現在卻出現港人的哈台風，為什麼？

主要原因是在於過去十年台灣出現了生活方式與觀念價值的重大變化，而這些變化是香港人欠缺、且越來越重視和所欲追求的。

過去十年的台灣的確出現了生活方式和美學的變遷，從台北到台南，出現一家家不同特色的咖啡店、小店、民宿，發展出迷人的巷弄文化。還有前述文章所提到青年世代的後物質主義轉向，人們返鄉改造故鄉、深耕社區，都讓島嶼角落開出奇異的花朵。

另一方面，香港原本就因地狹人稠、生活擁擠，加上地產霸權造成的昂貴租金，所以很難有特色咖啡店、獨立書店或其他小店的存在空間。尤其二〇〇三年之後，由於中國自由行遊客和水貨客大量湧進（人口七百萬的香港每年有三千萬的中國遊客！），可以說「占領」了香港，不論是觀光區或傳統社區，使得原先租金昂貴的問題更為惡化，許多傳統老店鋪因為無法負擔租金而一一關閉。（一個朋友開玩笑說，西門町聽到的廣東話比銅鑼灣還多。）

但過去十年，香港青年世代也興起新的價值、新的社會運動：如對文化保育和社區的關注、對於土地和農業的重視、對於發展主義的反省，甚至可以說對整個以高度發達資本主義的「中環價值」提出很多挑戰，因此，他們也更能欣賞台灣的「慢」和「小」，喜歡台灣對本土文化的認同。

另一種對台灣的欽羨，當然是民主政治。在二〇一二年大選時，網路上就流傳好幾支港人製作的短片描述台灣競選的過程，感嘆為何台灣總統是全民選出，但香港特首卻只是由一千兩百人的小圈子選出：在那一年，馬英九和梁振英都是六八九票選出，但馬英九的數字後面多了「萬」。

以往香港媒體喜歡嘲笑台灣國會打架，輕忽台灣民主，但現在面對他們得不到的民主，以及越來越黑暗的政治前景，他們更希望早日能夠如台灣一樣，真正地選出自己的領導人和民意代表。

一位香港朋友說，以前他們很討厭陳水扁，除了他的貪腐，也因為他搞台獨。但現在，他們越來越理解，台灣人為何支持獨立。

這也是香港青年世代的新氣氛：越來越本土。

當然，對我們來說，台灣並沒有他們想像中的美好：我們有了普選，但權力依然傲慢；台灣看似更有文化底蘊，但許多地方政府的觀光和文化想像讓人吐血；我們好像比較早開始懂得尊重歷史，但文資保存仍然是不斷進行的戰爭；比起香港人對我們的熱愛，許多年輕人無奈地覺得這是個鬼島。

但台灣真正美好之處，在於有許多人不斷努力著讓鬼島成為美麗之島；許許多多的人在城市與鄉村的生活中、在凱達格蘭大道前、在網路與各種空間，奮力抵抗著時代的墜落，而我們香港的朋友也正不斷進行同樣的戰鬥。

我們歡迎香港朋友來台灣，重要的是，兩座島嶼可以彼此學習，一起前行。

## 《十年》之前
### ——現在還來得及

二〇一四年，台灣和香港都經歷了歷史性的公民運動。

一年後，台灣的金曲獎把「年度最佳歌曲」頒給了獨立樂隊滅火器為太陽花運動所寫的歌曲〈島嶼天光〉。這既是一個文化的也是一個政治的歷史時刻：金曲獎這個台灣流行音樂最重要獎項把年度最佳歌曲頒給一個獨立樂隊，並且是一首誕生於社會抗爭的歌曲。這不是一個孤立的事件，而是反映出台灣社會這幾年來的劇烈變遷。

在香港雨傘運動的一年多後，香港電影金像獎頒給了一部本地獨立製片、一部非常政治的電影《十年》。這不僅是香港年度文化事件，也會是這個時代的重要記憶。

然而，後太陽花的台灣，氣氛是昂揚的，年輕人覺得被 empowered：他們讓柯文哲當選市長，讓國民黨倒台和小英上台，他們覺得他們可以改變些什麼。

香港卻是相反：後雨傘的氣氛是低迷的、是挫敗的，只有主張自決甚至獨立的本土思潮，以及勇武抗爭越來越受到年輕人支持，似乎越來越少人相信透過體制可以改變香港，直到二〇一六年九月的立法會選擇帶來新希望。

《十年》這部影片的成本約五十萬港元，由五部短片分別想像十年後的香港：政府為了推動國安法而暗殺議員以製造混亂；普通話和簡體字成為香港主流，不懂普通話的的士司機難以生存；本地農業受到擠壓、書籍被查禁，而香港少年如紅衛兵般去鬥爭還有本土意識的上一代；一對戀人以製作標本的方式保存城市「被消失」的事物；最激烈的一部片在二十三條已立法的香港，有人為了港獨理念而絕食，甚至自焚。

上片初期只有個別影院播放，但口碑越來越好，一個月後《環球時報》發表社評批評《十年》這部片「宣揚絕望」，「帶給香港社會的害處很可能大過好處」，並說該片票房只有三百多萬，影響的只是香港小眾。此話一出，小眾很快成為大眾，兩個月後，《十年》票房累積至六百萬港元，連續三週躋身香港十大賣座電影，並繼續由公民團體組織在香港各大社區放映，反應熱烈。

然後，這部片拿到了香港電影金像獎最佳影片。

不少人質疑這部片藝術性不夠，以及頒獎的動機是政治性的。當然，一部電影的藝術性是見仁見智的，許多商業片拿到最佳影片也都是可被爭議；而最佳影片到底是什麼判準，每個人心中的尺也都不同——一種看法便是，一旦某部片反映某個時代人心的渴望與焦慮到了成為現象的地步，乃是年度影片的重要精神。

無論如何，當《十年》不只是屬於一種反抗的姿態，而被香港最主流的電影獎項所接受，確實代表香港人心轉變之激烈。這已經不是我們熟悉的香港了。

看看從去年十二月《十年》上映到這個春天（二〇一六）的香港發生了什麼事：銅鑼灣書店老闆被消失、警察和民眾嚴重流血衝突的旺角騷動、「以本土主義為綱，勇武抗爭為實，堅守港中區隔」的參選人在新界東補選中15％得票率，學民思潮宣布停止……

這是一個極為焦慮與惶惶然的香港，絕望的年輕人只能越來越激進化，或者用另一種文化方式去表達他們的困頓與不滿：如去年香港政治諷刺網路節目「毛記電視」頒獎典禮造成熱潮，人們是在城市不同角落聚集起來一起看；《十年》也在四月一日於三十個以上社區同步舉行放映會和映後導演的線上對談。可以說，這些香港青年世代的集體觀影是對具有濃厚本土情懷的文化想像的肯認、是對當下的拒絕，更是對另一種未來的渴望。

這是當下香港最迫切的命題，但香港主流電影工業卻無能反思，商業電影中偶爾出現的政治暗喻就能讓許多人興奮地覺得那反映出現實。然而，香港電影工業的主流是合拍片，而中港合作的影片怎可能去討論最敏感的中港矛盾或者北京的政治黑手呢？這是當下香港電影文化的最大弔詭。

《十年》或許有不少瑕疵，或許許多人不同意其觀點，但這部影片代表的是香港這一代青年在主流電影界迴避思考自身的命運時，願意去質問他們的未來，並提醒人們，這個島嶼將走向人們不想見到的未來——如果這個城市的人不嘗試奪回他們的未來十年。

「現在還來得及」——這是電影最終的字幕。

# 當城市成為記憶的廢墟

「二〇〇八年底，一條沒名沒姓的散村，因高鐵工程收地的緣故，猛然發現自己與這個社會將會有著不一樣的關係。」這是《菜園留覆往來人》一書主編余在思在編者序中所寫的。

此前，村落居民在指涉這個他們位在元朗區石崗的居住小村時，只是以巴士的「石岡菜站對面」作為路標。但很快地，這個地方會以「菜園村」之名為香港人所認識，登上香港歷史。

所謂二〇〇八年底之後他們和香港的「不一樣的關係」是指，這個村子成為對抗政府的發展主義和不義拆遷的象徵，提醒香港社會對於本土歷史、農業、社區的思考，並且召喚了一個新世代的抗議青年，開展出許許多多的新的抗爭想像。

菜園村民和許多新界地區的農民是四五〇年代來港，在這裡的農地進行耕種，並成為後來香港七成以上葉菜稻米的主要生產者。尤其是菜園村民是將石崗河兩岸廢棄的石頭地開墾成良田，幾十年來努力耕耘，建立自己的家園。但這是一段幾乎被遺忘的香港農業歷史。

二〇〇八年十一月，香港政府宣布興建廣深港高速鐵路的香港段，沒有經過任何諮詢就決定拆除超過一百五十戶菜園村村民的家園。居民起而抗爭，二〇一〇年底政府開始清拆。

香港獨立電影《N＋N》是以菜園村抗爭為藍本，融合了虛構與社會紀錄的故事。導演賴恩慈和她的團隊完全是用自己的資金來拍攝、發行，因而可以說是一部真正的「獨立電影」，並且在世界各地得到許多獎項。

故事主軸是住在菜園村的爺爺和他的孫女終日在城市遊走，在那些將被拆遷與重建的社區與建築插上富貴竹來給予祝福，祝福這個正淪為一座記憶廢墟的城市。代表著典型中產人群的小女孩的父親認為爺爺做的事沒意義，把小女孩帶回都市的高樓居住，讓小孩困在小小的房間打遊戲機。

電影的一個重要細節是，爺爺在他生命中收集了無數的一毫子（一分錢），這些一毫子沒有經濟價值，人們掉了也不想撿起來，但這是面對時代的快速前進，爺爺透過保存日常記憶的記號，進行的微小的抵抗。

最終，如我們所知的，菜園村被拆除，成為一片斷垣殘壁。爺孫兩人眼看著推土機鏟掉土地的大樹（這是真實的紀錄畫面），吶喊著為何不能讓樹留下，讓銀幕前的我深深感受到，見到一棵有生命的樹被暴力摧殘是如此令人心痛。

菜園村抗爭是香港這十幾年本土抗爭運動的一個高潮，是二〇〇六、〇七年保衛天星、皇后碼頭的延續——村民在抗爭初期提出的「不遷不拆」口號正好與保衛皇后碼頭的標語不謀而合。

在這兩三年的抗爭中，村民和運動者開展了豐富的社會實踐：從對內重建社區與農村的文化、實驗有機耕種、成立農村導覽團，到對外的無數次抗爭，不論是包圍立法會抗爭，或繞立法會苦行，還有多次結合文藝界的活動如「新春糊士托——大型廢墟藝術節」。更重要的是，如前所述，他們深化了香港社會對於土地正義與農村的思考，更讓人反思香港的發展主義與中港融合計畫——這個全國高鐵計畫和以高鐵推動中港融合都是中國中央政府的大計畫——是如何犧牲了香港的弱勢者的生活。

影片中出現一個畫面是「千人怒撐菜園村」的活動，那是二〇〇九年十月，也是我第一次走入菜園村，並且第一次知道香港有這樣的恬靜田園，及其蘊含的豐厚生命史。只是，這一切都消失在香港地圖上了。

後來我有機會隨著朋友走進搬遷後的菜園新村，村民仍住在組合屋，正在辛苦地重建他們的家園與生活。（然後，我又來到村中參加一對因此地而結緣的朋友在這裡舉行他們美麗的婚禮。）

《菜園留覆往來人》一書中記述了一位支援者的話，清楚凸顯了菜園村民的生活在香港這座城市的可貴：「村民彼此間有著很緊密且踏實的生活經驗，他們互相記得大家的生命故事，並能夠從別人身上找到自己存在的依據。」這也正是《N＋N》這部電影要提出的質問：「為什麼人為了發展而要去毀了另一些人的家園？」導演說。

剷除了生活、剷除了記憶，這個城市還留下什麼呢？

「拆不掉的N個記憶，失去了才懂珍惜」，這是電影的宣傳語，因為這部電影是要提醒我們生活與記憶對於一座城市的意義。然而這部電影本身在此刻的出現，就是在一切都消失之後，重新喚醒人們對於菜園村的記憶。因為，還有多少人記得菜園村居民此刻仍在為生活而奮鬥，還有多少人記得這一段城市的抗爭歷史呢？

註：二〇一六年香港立法會選舉，曾深度菜園村抗爭者並在後來搬入菜園新村，也長期關注香港土地正義的朱凱迪，以全港最高票當選立法會議員，他的兒子就叫「不遷」。

# 還我香港

「我們的香港，已經不存在」，已然是二〇一五年香港的電影金句之一。這不是一句政治口號，而是出自一部科幻電影。但所有香港人，都可以讀得出政治意涵。因為這正是他們所感到的此刻香港。

這是香港導演陳果的新片《那夜凌晨，我坐上了旺角開往大埔的紅 VAN》。陳果是香港最有代表性的導演之一，他的首部長片彷彿是一個時代開始的象徵：《香港製造》，上映時間正是一九九七年。此片和他後來的《去年煙花特別多》、《細路祥》被稱為「九七三部曲」。他的電影絕大部分是社會寫實，但又能在細膩的故事之上，構築起關於香港命運的更大隱喻——通常是灰暗的隱喻。

過去十年，他大部分時間在中國從事監製和拍攝長片（如有崔健執導的《成都我愛你》），主要作品只有在香港拍攝的《三更2之餃子》（二〇〇四）。因此，作為一個曾經非常本土、作品充滿社會批判性的導演，他的這部新片在開拍之初就引起巨大關注。

影片本身是改編自一本暢銷網路小說，故事是十六個不同身分的乘客在深夜的九龍旺角搭上去新界大埔的紅van（小巴）。午夜的旺角依然燦爛熱鬧，但當車行過獅子山隧道後，一切卻異常安靜，到了大埔市中心竟空無一人。所有人都消失了。車上乘客們開始染上某種奇怪的病而一一死去。他們試圖團結找到出路，但其中又有許多矛盾，甚至集體殺了其中一人。

「我們的香港，已經不存在」，就是他們一開始發現周遭怪怪時，一個乘客點醒大家的。他又說：「大家不要再假裝說一切正常，我想，大家是時候停一停，面對我們見到的現實。」

這幾句話都深深打到香港人心中。這幾年，香港陷入九七之前以來的另一種巨大焦躁：九七之前他們是對未來的不確定，現在他們是深深感到他們所認識的香港、所珍惜的價值正不斷消失。前者包括大量大陸客自由行對香港風貌的衝擊，如人群過於擁擠到影響港人生活，房租上漲導致小店老店不斷消失，對奶粉、床位和幼稚園的搶奪讓他們覺得在自己的土地上難以生存，普通話的普遍也讓他們擔心粵語的消失，甚至五星級酒店電梯標示除了英文外又多了簡體中文（而沒有香港人使用的繁體），這一切都讓港人感覺到他們所熟悉的香港正在消失。香港曾經有的自由和法治，他們所謂的香港核心價值，也正在嚴重崩塌中。

電影的宣傳語正是「還我香港」。

陳果在《號外》雜誌的專訪中說：「改編到最後，就寫到恐懼——你對香港、對無人之城、對將來的恐懼，演變到你現在看完這部戲，就知道最恐懼是人心的變化。」

的確，因為在外在環境的巨大變化下，人心也會出現騷動與不安，甚至考驗人原來的價值。這也正是香港出現的：隨著大陸和香港矛盾的深化，在香港出現越來越嚴重的排外情緒和歧視性語言，而破壞了香港原來自傲的理性和包容。

在柏林影展的記者會上，陳果在回答記者提問說：「香港面對的問題，因為我們回歸了中國，過程中我們對未來有期待，因為不論政治、經濟或是整個文化上都有轉變，但問題是也因這轉變……其實跟柏林很像，柏林當年合併有一個奇怪，就是誰是 boss？但在我們就有點難，我們不能選 boss，boss 就只有一個。香港以前是不談政治，自從回歸以後你不能不談，政治無時無刻不在你身邊。」

除了影片文本之外，陳果之所以成為香港「本土」導演的代表，在於雖然過去幾年他遊走於中國，但並沒有像其他導演大量拍合拍片，而香港導演北上合拍片的風潮，的確讓香港電影工業日益空洞化。因此在香港現下的文化與政治氣氛中，具有「本土」或「港味」

色彩的電影，無論是指題材或者是背後資金，都會受到影迷和媒體的特別重視，如近年的電影《低俗喜劇》和更小成本的《狂舞派》。《低俗喜劇》導演彭浩翔雖然住在北京、也拍合拍片，但他在最近將上演的電影叫做《香港仔》同樣是訴諸強烈的本土氣味。其實如同彭浩翔，陳果並不排斥北上拍電影，只是作為香港人，他們有同樣的無奈。

在影片結束後，銀幕打出一串字幕，大意是：「這個城市在漸淡燈光中睡著了，我們有否忘記以往曾經璀璨時光，同時我也不知我們今日已變成怎樣？」

電影故事的最後是車上剩下的人開出大埔要去尋找可能的出路。有媒體問陳果，他們能回到原來的香港嗎？他說：「五十五十吧……起碼我們知道，如果你不爭取，就一定不能做到。」

# 我們是同志

拍攝二〇一三年二月號《號外》雜誌封面時，看著這五個美麗的靈魂，我的心情非常激動。

他們是五個出櫃的同志：藝人黃耀明、何韻詩、議員陳志全、名媛與社會企業家趙式芝和劇場演員梁祖堯。

他／她們是許多人的偶像，但在成為偶像之前，他們都行過那條陰暗與艱困之路，面對過無數櫃中的苦澀與陰鬱——不，今天即使他們出櫃了，即使他們是高知名度的政治人物、明星、名人，但他們仍然不能和其他異性戀者享有相同的權利，仍然必須面對許多歧視。黃耀明說：「為何社會仍要我做二等公民？」

此刻在鏡頭前，他們緊握著手，開心地笑著、唱著、跳著，因為他們要為了他們自己，也為那些更年輕的或者更年老的同志，爭取平等的權利。我的激動除了因為他們的美麗，也來自於我知道本期《號外》封面和封面標題「Gay And Proud」會被某些人視為挑釁、會引起很多爭議，但這正是我激動的原因——我們並不怕爭議，因為我們選擇站在社會變革的前鋒，要和大家一起「撐同志、反歧視」。

我們正在創造歷史。

去年二〇一二年的香港和台灣，確實是不一樣的一年。明哥在達明一派演唱會上出櫃，陳志全以公開同志身分當選立法會議員，趙式芝和另一半在法國舉行婚禮，何韻詩在香港同志大遊行出櫃——而那場同志遊行是歷年來最大的；在台北，去年第十屆的同志遊行有六萬人參加，是亞洲最大的同志遊行。在美國，歐巴馬總統公開表示支持同志婚姻。

除了成就之外，我們也看到保守力量的反挫。如去年十二月，立法會否決工黨何秀蘭議員要求政府針對性傾向歧視條例進行公眾諮詢的動議。今年一月中，上述幾位主角成立「大愛聯盟」，發起眾人拍攝「撐同志、反歧視」照片，有許多一般網民和知名藝人紛紛上傳照片。但一月下旬，梁振英先生的施政報告卻依然表示不願意進行公眾諮詢。

難怪何韻詩在去年出櫃的宣言說：「有一天，你打開報紙、電視，發現到了今天，二〇一二年，應該是一個已經走到很前的年份，卻依然發覺原來我們這個社會、大都會裡，仍然存在很多歧視、偏見和片面的看法。」

所以她和他們拒絕沉默。

明哥和阿詩在二〇一二年的出櫃不只震撼了香港，也在台灣和大陸引起廣泛回響，鼓舞了許多年輕同志。

台灣的同志運動走了二十年，遊行也走了十年，早已成為亞洲同志的盛事，讓政治人物和明星都加入（或想要加入）他們的行列。雖然看起來台灣走得比香港遠，但法律上的障礙和社會上的歧視仍然無所不在。

在中國，同性戀者越來越勇敢在公共領域現身，但同志運動卻如同所有社會運動，仍然不能「出櫃」——威權體制的黑暗衣櫃。

我們的封面故事希望探索三地的同志從曖昧、覺醒到抗爭的困頓之路，關注當下同志處境的多元面向，以讓三地同志文化有更多流動與相互支持，並讓那些仍然充滿誤解和仇恨的人們更理解和認同同志——因為他們是你們的朋友、你們的家人、你們社會的成員。所以，我們應該給予彼此平等的愛，平等的公民權。

當明哥去年在達明一派舞台上說出「我係基佬」時，整個社會為之震撼，當阿詩在同志大遊行上說出「我是同志，我相信世界可以變得更好！」時，多少人流下了壓抑已久的眼淚。他們的告白是希望他們的愛、他們的權利，可以被看見、被承認。

「我們是同志」——是的，在爭取同志平權的道路上，我們都是一起牽著手的同志。

# 誰能代表當代香港流行音樂？

「即使香港流行音樂還沒有消亡，也時日無多了」，這是香港學者（也是知名作詞人）周耀輝和荷蘭學者高偉雲（Jeroen de Kloet）的著作《多重奏：香港流行音樂聲像的全球流動》導言中的第一句話，但這不是他們的立場，而是別人的：「你問過每一個見證過香港樂壇的人，大概都會聽到類似的感嘆。」他們接著說。

這個感嘆，對應於近來中國搖滾教父崔健對於香港流行歌手許志安的批評，似乎別具意義。

歌手許志安參加中國歌唱比賽《中國之星》（推薦人是評審林憶蓮），翻唱張學友的經典廣東歌〈怎麼捨得你〉。作為評審之一的崔健說：「我必須承認我真的聽不太懂這首歌，但我正在仔細看歌詞。」他問許志安：「現在已是二十一世紀，二〇一五年，你讓觀眾和年輕人去聽一首老歌，而又是以廣東話唱，你的寓意是什麼？」

這段話放在這幾年中港矛盾的氣氛中格外敏感，也讓崔健在香港遭到嚴厲批評。

崔健這段話聽起來確實很粗暴，但事實上這只是他原話中被擷取的片段。他在現場講的更重要、但被剪掉的話是：「我覺得真正代表一個區域的一個文化，不光是語言，應該有它的精神、它的獨到之處，甚至有它的堅持。我更渴望聽到來自香港的，代表他們香港本地人聲音的一些音樂。當然聽流行歌曲，也許很多人會認為，二十年以前的香港的情歌已經足夠代表香港了，但是我堅決不同意。為什麼沒有更現代更年輕一點的香港人，來登到大陸舞台上，去表現他們自己的聲音？讓我們大陸人也多了解一些香港人好不好？不要再看到一些亂七八糟的新聞，讓我們去錯誤地認為，香港人是這麼看大陸人。」（這段話引自中國作家張曉舟的文章〈相愛相殺，相殺相生〉，他刻意去找出現場原始對話。）

看看最後一段話，崔健可謂用心良苦，希望降低大陸與香港民眾間的誤解。因為這幾年中國與香港的矛盾，很大部分源自官方或媒體對於某些特定行為或語言的刻意扭曲或放大。諷刺的是，崔健的用心良苦也因為這種娛樂節目為了強化戲劇化效果（被包裝成「崔健罵許志安」），而製造出另一種中港矛盾，讓人覺得「大陸人是這麼看廣東歌」。

崔健是不是大中華主義者，我不確定，但是在他九七年為香港回歸中國而寫的歌曲〈超越那一天〉中，他是質疑那種國家主義宣傳的必然血緣連結：

我曾經相信過我們的血緣關系
能夠完全地解釋發生的一切
當我經歷了若干次的苦難後
我發現了有一種潛在的危險
就是越長時間的誤解將會帶來
越出乎預料的演變。

後面這兩句話，放在今日矛盾來看，幾乎是預言了。

二〇一二年九月他在深圳演唱會上演出〈超越那一天〉時，甚至大膽地在大屏幕出現那一年香港「學民思潮」反國教的影像；被中國封殺的香港歌手何韻詩在二〇一五年下半年的演唱會上，在香港透過大屏幕和崔健現場連線。

當然，崔健期待許志安的歌唱比賽演出能化解中港之間的誤解實在是太沉重了，甚至期待他的競賽歌曲要代表當代香港的聲音，也是不必要的。

不過，崔健不是特別針對許志安或粵語歌；強調搖滾精神、批評流行樂、批評假唱，並且關注年輕音樂創作者是他長期以來的態度，因為他希望看到音樂能表達當代社會、當代青年的精神面貌。

所以，問題甚至不在於為什麼沒有更現代更年輕一點的香港人來到中國舞台上，去表現他們自己的聲音。

因為一來其實是有的，如歌手林二汶或鄧紫棋。二來更根本的原因是許多能表達香港年輕一代聲音的音樂人，難以在中國電視的舞台上演出，不論是政治原因或是商業原因，畢竟這種歌唱比賽本來就是一種保守的華麗大秀。

更深層的問題是香港流行音樂真的有新的生命力嗎？

香港著名詞人也是學術研究者黃霑說，香港粵語流行曲在一九九七年就終結了；也有不少人認為，隨著香港回歸中國和「再中國化」，原來香港文化，或者香港認同中的那種混雜性——這是此前香港的獨特性所在——也逐漸消失，也因此香港粵語歌慢慢喪失生命力。

但文首引述的周耀輝和高偉雲一書基本上拒絕這種悲觀論，而相信香港粵語歌仍會在新的中國情境中不斷游移、流動，並重建其自身在華語音樂中的位置——而這幾乎就是整個香港的譬喻：當來自中國的政治與文化的同化力量越來越強大，香港的主流體制（從政治到娛樂）越來越僵化保守，年輕世代的香港人只能不斷地進行游擊抵抗，重建自己的認同，尋找新的出路。

# 一個曾經光輝的都市
## ——記黃耀明演唱會

在達明一派二〇一二年的演唱會之後，在整個華人世界中幾乎沒有一場演唱會能像這場黃耀明在香港舉辦的「太平山下」，可以讓人熱烈地舞動、享受高水準的視覺效果，卻又能深刻、精準地切入當下香港的矛盾、焦慮與期盼——不論是透過黃耀明的歌曲、說話或者大屏幕上政治波普（political pop）的影像。

我們在演唱會上party、思索、感動，最後帶著希望回到真實世界。

演唱開始前，舞台上的大屏幕和現場裝置，是仿似九龍城的舊唐樓與官塘一帶的七層徙置區。那是少年黃耀明成長的地方，是正在消失的老香港。

演唱會開始。屏幕上出現大段文字：

洋紫荊又稱香港蘭，全球首次於香港發現。一九六五年，洋紫荊正式被定為香港市花。

……

有人說，其實當初選中洋紫荊為香港市花的人，是否對洋紫荊不能生育繁衍的背景和歷史一無所知？又或者反而正正知道，那身世的混雜嫁接、出奇的豔麗、憑空而來忽然出現的來歷，繁衍而又無法自身完成，原來每一項特質都正好是這個島嶼的身世傳奇，不謀而合。最後洋紫荊被鍍成金身，矗立在灣仔海旁，又是歷史另一章的開端了。

這段話是這場演唱會的中心命題，洋紫荊是演唱會的主要象徵，而香港的身世傳奇——過去、現在與未來，是這場演唱會的主軸。這個香港故事將由黃耀明的個人生命史來體現。接下來又是一段：

一九六二年六月十六日

黃耀明於九龍竹園一間留產所出生

同年同月，商業一台為廣播劇《勁草嬌花》推出同名插曲，結果大受歡迎，唱至街知巷聞。被評為香港第一首廣泛流行的廣東歌。

七十八天後，颱風溫黛襲港，十號風球。做成一八三人死亡，一〇八人失蹤，七二〇〇〇人無家可歸。是香港戰後破壞力最大的颱風之一。

〈勁草嬌花〉是黃耀明演唱會的第一首歌，一首對他個人、對香港粵語流行音樂文化，都意義深遠的歌。

演唱會的第一段是他的青春史，他在成長時期吸收的國粵語電影、音樂等流行文化，以及西方六〇年代的音樂。螢幕上是邵氏明星、鄧麗君，是Bob Dylan、Cliff Richard，以及六〇年代西方街頭抗爭的畫面，而明哥演唱著〈不了情〉、〈忘不了的你〉，以及〈Sound of Silence〉等歌曲。

「我的成長就係流行曲、電影、明星同埋幻想一個更美好的世界。」他說。

然後，他說到在青少年時參加了教會，因為教會有好多音樂好多詩歌。他喜歡上了一個男生，那是他的初戀，但教會輔導員說，只要青春期過去，一切都會恢復正常。

於是他「離開這間只是捆綁我而不是釋放我的教會……走向大觀園走向花花世界，從此以後亦沒有回頭望過一眼」。

進入八〇年代，是黃耀明的情欲盛開時期，他以電音演出一連串西方經典同志歌曲，他的「解放組曲」：〈It's a Sin〉、〈Relax〉、〈YMCA〉、〈Express Yourself〉——屏幕上不斷出現「express yourself」（展現你自己）。在演唱〈你真偉大〉時，大屏幕上出現那些「大人物」的安迪．沃荷式頭像：英國女王、毛澤東、鄧小平、習近平、梁振英等，還有許多人的金句：韓寒、崔健、馬丁．路德．金、王爾德。最後一句是：「達明一派說：恐怕這個璀璨都市／光輝到此。」

我們心中一驚。

然而，在這個城市光輝的死亡之前，他要先歌唱八〇年代的終結——中國的八〇年代。明哥用象徵性的紅布蒙住眼睛，重新改編演出崔健的〈一無所有〉。舞台上是鮮血般的一片紅色。

歌曲結束，黃耀明身後又是一大段文字：「一個月不見了……你明白我的意思」，出自陳冠中的小說《盛世》。

第三部分九〇年代是他個人對愛欲執迷時期，他唱〈迷戀賀爾蒙〉、〈愛到死〉、〈漩渦〉……〈春光乍洩〉。

一九九七年，愛戀結束——中英之間的愛戀。

第四部分是回歸後的香港。大屏幕上快速閃過香港近期重要的新聞人物李慧玲、伍珮瑩、港視員工、劉進圖，和中國的敏感詞人物：許志永、艾未未、劉霞。

明哥演唱起周耀輝作詞的〈下流〉。原本這首歌談的是階級問題，但此時的「我們」是所有為了理想的抗爭者。

> 他們往上奮鬥／我們往下漂流／靠著剎那的碼頭 答應我／不靠大時代的戶口
> 他們住在高樓／我們躺在洪流／不為日子皺眉頭 答應你／只為吻你才低頭 手牽手

接著，演唱會的同名主題曲〈太平山下〉出場。背幕上是一份開著天窗的報紙，然後空白處被填上幾週前的香港集會遊行照片：They can't kill us all，這是香港明報總編輯劉進圖遭歹徒砍殺重傷後，記者與民眾集會時喊出的口號。之後是一份份二次創作的虛擬報紙：「日月報」、「香島日報」、「禁果日報」、「城報」，最後突然變成：「人人日報」，黃耀明在「人」字之前揮舞著大旗。

林夕作詞的〈太平山下〉這首歌可說是最能反映當下香港時代精神的歌曲：

這個家快不似家／似將要遷拆／傾塌改建的大廈
有住客在對話／要是對罵太嘈／有食客捕殺烏鴉
每天高唱我哋大家／歌舞總要昇平／配合這混世榮華
要合唱亦唱完／要頌讚亦讚完／最後也就變啞巴
睡著便退下 造夢就上吧

歌名〈太平山下〉是對比更早的一首歌〈獅子山下〉，那是一九七九年香港電視劇《獅子山下》的同名主題曲，由黃霑作詞、顧嘉煇作曲、羅文演唱。自此劇後，「獅子山下」成為香港精神的代表，一種只要努力奮鬥就能成功追求香港夢的精神。因為在七〇年代，一方面香港逐漸確立經濟繁榮的地位，另方面，香港人也開始建立起「香港人」的自我認同。那也是黃耀明的青春時期。

人生不免崎嶇／難以絕無掛慮／既是同舟在獅子山下且共濟／拋棄區分求共對
……

同處海角天邊／攜手踏平崎嶇／我地大家用艱辛努力寫下那／不朽香江名句

只是，在二十一世紀初的香港，沒有人會再相信獅子山下的神話了。嚴重的社會不平等、巨大的地產霸權、中港間的種種矛盾、政治前景的不明、自由的被侵蝕，香港已經成為一個憤怒之島。

現在是爛鬥爛　只得這紫荊花金光燦爛（〈太平山下〉）

在演唱會快結束時，黃耀明說，現在是香港艱難的時刻，他不想演唱會給人感覺是一種虛假的快樂。「但是我覺得，我們需要一種天真的希望，天真的樂觀。我們需要為香港堅持，為香港發聲。」他送給大家一首樂觀的歌〈一一 2017〉：

一息間一切再光輝　要是你今晚要我留低
然後　我著禮服　你換造型　快要到達這 2017
來三　二　一一一一筆勾消　一切更光輝　燦爛那一刻要有座位

然後　我要快樂　你要和平　快要兑現　今晚要做勢
然後　永遠快樂　繼續和平　快要兑現　今晚要做勢

明哥的個人敘事和香港的身世確實有一致的精神：他的同志認同建立過程是要打破那些枷鎖與束縛表達自己、追求自由；同樣的，當香港被綑綁地越緊時，也愈要勇敢地表達自己，才能得到自由。

希望這個城市的燦爛，將不至於光輝至此。

# 何韻詩的十八種香港

香港當然不是文化沙漠，但是來自地產霸權和不友善的公共政策所形成的沙塵暴確實強大，因此文化創意工作者的日常生存和演出空間非常有限。

然而過去數年，在觀塘與牛頭角一帶的工廠大廈中，散布著許多文化小綠洲，有許多文化創意工作者在此蟄居或游擊，不論是設計店鋪、個人工作室、藝廊、小咖啡店等等，他們在這些困頓的環境中，奮力演繹自己的生命力與創造力，成為另一種香港美麗的風景。

在最近這兩週，有一連串的活動在這些工廈中進行，包括烹飪教室、工藝工作坊、藝術欣賞、獨立書店講座、電影放映等等，其中一場是在一間 Live House 的音樂表演，演出者是知名香港歌手何韻詩和幾個獨立樂隊。

這是歌手何韻詩的「十八種香港」巡迴演出的一站，那些音樂以外的活動是由她的團隊和另一個單位「牛遊」合作舉辦的。

何韻詩的「十八種香港」巡迴演出，並不僅僅是音樂表演，而是一個實驗，一場文化和社區運動：因為她希望在每一站都有和社區連結的不同方式。

這一站的名稱是：「有種香港叫做『工廈生命力』」。

過去三年，歌手何韻詩經歷了很多不一樣的事情。二〇一二年底，她公開自己的同志身分，並且參與組成同志平權團體「大愛同盟」，成為公眾意見領袖；二〇一四年，她開始寫專欄，並走到雨傘運動前線，成為華語流行音樂史上第一個參與公民抗命而被拘捕的明星歌手。

此刻的香港是低迷而憂鬱的，人們對何韻詩的未來也有許多猜測。在雨傘運動後，她選擇在音樂上重新出發，並以獨立歌手身分出發。

「今天，我正式從主流歌手成為獨立歌手，這個遲來的春天，滿是可能性。朋友們，不用替我擔心，我生命力頑強，像長在崖上的花，每每在最嚴峻的處境，才最能盛放。

面對前方的未知，我無限期待，同時也無畏無懼。」

這是她的獨立宣言。

過去何韻詩是主流音樂工業的知名歌手、是梅豔芳的徒弟，但阿詩一直很重視自己在音樂創作上的自主性，不想成為唱片公司打造的偶像歌手。她跟我說：「我的個性本來就是對於規則、對於大家慣性在用的方法很不以為然。因為你可能很穩定地賺，但是不會有成長。我是一個一直在追求成長的人。」

因此，何韻詩與主流音樂產業的斷裂是一場遲來的分手。這不只是因為政治壓力，而是香港的主流音樂工業早已衰落，失去想像與創新的能力。她認為主流樂壇太過「離地」，活在自己的世界中，不知道在不同社會角落茁壯的生命力。

這兩年間，她開始認識更多優秀的獨立文化工作者，她也相信這是未來她可以扮演好的角色：扮演主流和獨立音樂之間的橋梁，透過她的音樂去傳遞理念。

「十八種香港」巡迴演唱會就是要「將有心有力的香港人，重新連接起來，重新描繪一個被遺忘了的香港。」她在文章中如此描述。

「這個計畫，根本不只是一個個人巡演，而應該是一個集體社區實驗。『十八』，起點為香港十八區，但亦可以解讀為十八般武藝，18 ways of life。香港本應是個擁有無限可能的地方，集合中西方的最長處，只是不知從何時被規限了，個性被沖淡了。現時香港，可謂身處最狹窄的年代，做任何事好似都只有一個方法：抗爭如是，唱歌如是，拍戲如是，甚至表達自己也如是。」

簡言之，這個巡迴是要透過她的音樂，一方面是連結起各種獨立的、草根的文化工作者，另方面使大家重新去認識香港不同的社區，重新想像不同的香港。

這正是現在的香港需要的。香港正處於一個重新尋找自我認同的時刻，正經歷一場巨大的社會與價值轉型，人人都在思考香港的出路：「後中環價值」的香港精神是什麼呢？與中國的關係該何去何從？

何韻詩在許多時刻選擇了一條更挑戰的險路：她的公開出櫃、她的公民抗命、她從主流到獨立的音樂生涯——她的勇氣也是香港社會該具有的，一如這個演唱會的另一個標題「Re-imagine Hong Kong」：十八種香港，無限種可能。

# 當香港告別年少

二〇一二年八月底，三個香港少年少女在政府總部前絕食，他們的稚嫩的面容是如此決絕的表情。

幾天後，十二萬個黑衣人包圍政府總部，要求政府撤回國民教育科——抗議者們認為那是洗腦教育。他們成功了，這是香港自二〇〇三年七一遊行以來人數最多的一場集會，也是繼那次之後，又一次成功改變政府重要政策。

這場抗爭是中學生團體「學民思潮」一年多來的努力。一年前成立這個組織時，黃之鋒和他的幾個朋友不過是十五歲上下的「孩子」；他們成立這個組織是因為「我們相信學生不只是『社會未來主人翁』，是有權關心當下的政治狀況。」

一年多來，他們努力與社會溝通，奮力在街頭發傳單。八月底他們決定占領政府總部，起初人很少，甚至下著大雨，但整個社會被他們撼動，終於大人們一個個走了出來。

彼時，雖然人們開始對於這個政策後面的巨大陰影開始感到恐懼，但人們看到青春光輝的號召力，以為香港可能從此不一樣。

彼時，人們依然純真，依然相信群眾力量可以改變一些事情。

二〇一六年的三月二十日，學民思潮宣布停止運作。從二〇一一到二〇一六這五年，學民思潮不僅經歷了香港激烈變遷的歷史，且很多時候是走在香港民主運動的前面，但不斷強化的歷史張力卻讓他們難以繼續下去。

反國教一役之後的二〇一三年年初，學者戴耀廷提出的「占領中環」成為香港民主運動的主要想像。在次年五月的電子公民投票中，學民思潮和大專學生為主的學聯強烈支持原本不是泛民主流偏好的「公民提名」，使其成為後來占中運動的主要訴求。

八三一北京公布一國兩制白皮書後的九月底，學聯發動大專生罷課，學民思潮在第五天接著發動高中生罷課。（我很難忘記在政總前看到上千個穿著制服的高中生靜坐抗議，是一個多麼震撼的場面。）九二六晚上，學生和群眾聚集在政總前，黃之鋒高喊「重奪公民廣場」，一群人衝進這個二〇一二年夏天他們曾經占領過的廣場，然後被包圍，被逮捕，次日場外聚集更多人，人群淹沒了街道，九二八傍晚警方發射八十七枚催淚彈，剩下的就是大家都知道的歷史了。

雨傘運動的最後幾週，學生們深深感到受困，既無法前進，也不能退場，黃之鋒和幾名學生開始了又一波絕食。雖然令人心痛，但並沒有激發起新的動力。

在黃之鋒於雨傘運動的絕食期間，我曾採訪他，面對未來的漫長道路，他怎麼想。他說：「我相信香港始終有奇蹟。有失望，但是不會絕望。《人民日報》說我們是走一條黑暗的道路，我覺得我們就是在黑暗的道路裡尋找光明。」

但這何其容易。雨傘運動之後的香港，陷入一片灰暗。「在雨傘運動結束後，我們與許多市民一樣，曾經感到失落、迷茫」，學民思潮在解散宣言中如此承認。

一方面，許多年輕人感到巨大的挫敗感，後續的許多政治與社會抗爭，群眾們似乎都喪失了熱情與動力。另一方面，所謂的本土思潮在年輕人中日益受到擁抱，自決與獨立的訴求已經不再是禁忌。在今年春節的旺角衝突中，更可以看到暴力和勇武的訴求受到許多年輕人支持。

香港迅速地走向激進化。

學民思潮也在這個氛圍中被激烈拉扯。他們有些人屬於比較傳統的社運思維，有些人卻更傾向「本土」派。他們當然不願意採取暴力，但是也感慨非暴力行動很難動員群眾。黃之鋒本人也提出一套新的論述，主張港人應該在二〇四七年就香港前途進行公投自決，同時他和部分成員準備成立新的政黨，參與香港的新政局。這是因為他們相信香港需要的新的論述、新的政治組織，來打破困局。

至此，學民思潮面臨一個兩難：是一個中學生的社運團體，還是一個政治組織？這個難題使得他們如果不分裂的話，只能走向結束。

看看如今黃之鋒與他身邊的少年們的面孔，他們幾乎都是成人了——五年來他們歷經一波波的風浪與衝擊，不論是街頭抗爭到被警方拘捕，五年來香港的希望與失望、憤怒與悲傷，都刻畫在他們青春的臉上。

學民思潮在此刻走向結束，是因為少年們已經告別年少、要邁入另一個階段，而這個香港也不再是那個曾經純真的香港了。

# 《號外》兩年半的媒體實驗

## 1. 緣起

二〇〇六年十二月，我第一次來到香港。一個媒體安排了「迷你噪音」樂隊主音 Billy 在 Kubrick 書店訪問我，那個下午，正好保衛天星碼頭的朋友走進地盤擋住推土機。Billy 在文章中說，其實那天他的心都在天星碼頭。

自此我開啟了和香港的緣分，經常來香港，不是借住在詩人廖偉棠和曹疏影家，就是在我從大學時代就認識的老友陳允中和司徒薇家，或者在八〇後社運青年陳景輝和周思中油麻地合租房的客廳沙發上。

二〇〇九年五月底，受黑鳥樂隊郭達年之邀，我和台灣樂隊「農村武裝青年」赴港參加關於六四的自由文化節。十月，我又來香港開一個「四城文化會議」，會議上，我呼籲在場朋友關注正在抗爭的菜園村，主持人梁文道開玩笑說我果然具有國際主義精神，之後我和文道與剛認識的黃英琦去菜園村參加「千人怒撐菜園村」的活動。

那是我第一次走入香港的農村、香港的社運現場。不論是〇六年那次或此次菜園村，沒想到我竟意外走入了兩個香港重要的歷史時刻，現在回頭來看，只憾當時沒有走得更進去點。

接著香港行是十二月，這次我和一位香港女孩在南丫島牽起了手，此後幾乎每個月往來港台兩地談戀愛。

二〇一〇年秋天，我開始在位於香港的新媒體《陽光時務》擔任台灣總監，雖然工作地點是在台灣，但是編輯部討論的議題涉及中港台，我對香港政治社會越來越熟悉。

到了二〇一二年初，中港矛盾加劇，梁振英上台，烏雲滲透了香港，我在台灣報紙常書寫關於香港的評論，也被香港《蘋果日報》李怡先生的社論大段引用。那年，我第一次在香港參加七一遊行，但八月底的學民思潮占領政總我卻在台北，只能每天急切地關注那些絕食的少年們，和那個正在爆發的民眾力量。

幾天後，我意外地接到香港《號外》雜誌邀請擔任主編。我自青年時期就知道這個傳奇雜誌，也買過三十週年的紀念盒裝。對這個邀約，我又興奮又惶恐，畢竟這實在是件太難想像的事了：我不會說廣東話，我不熟悉時尚，沒聽過那些手錶品牌，但我很希望做出一個有時代感、有文化深度的雜誌。（當然我也暗暗期待或許有機會可以見到年少時的女神如鍾楚紅、張曼玉等……後來真的見到了其中一位！）

二〇一二年十月，我搬家到香港，開始了《號外》主編的工作，和香港女孩築起了我們的新家，然後結婚，我成為半個香港人。

## 2.《號外》與香港

我這個台灣人該如何主編這份香港的經典雜誌《號外》呢？

一份刊物必須要能與其所處的時代對話，甚至應該要走得更前面。

我發現自己的核心關懷，其實可以對應《號外》原有之精神，也應該符合香港現在的社會氣氛。

早期的《號外》是七〇年代香港我城意識浮現的產物，前輩們致力於挖掘這個城市的新生力量，談政治與藝術也談生活方式和時尚。而後的八〇年代和九〇年代，香港的流行文化越來越強，成為經濟之外另一種定義香港的力量；《號外》在這過程中一方面反映時代精神，另方面定義了香港的品味、美學和生活態度。

但二〇一二年的香港已經不再是那個香港了。電影工業面臨空洞化，流行音樂失去創造力，整個社會越來越政治化，香港本土認同越來越強，中港矛盾加劇，人們擔心著這個城市只怕無法繼續燦爛。

但另一方面，從〇三年之後，新的力量、新的價值、新的聲音崛起，從社區保育、土地正義、本土農業、支持小販到同志運動，新的世代從八〇後到九〇後，成為改變時代的先鋒；他們揚棄過去主流的中環價值，具有更多元的想像、更強烈的本土意識、渴望更自我與自由的生活。

這是《號外》要對話的當下香港。

我給《號外》設下三個目標：1.要有文化與思想深度，且結合起《號外》犀利的設計，思想也可以變得 sexy；2.在這個香港死亡與重生的時刻，關注與支持新生的力量、價值，讓《號外》成為改變香港力量的一部分；3.以香港主場為主，但也關注台灣和中國的獨立、另類與異議之聲，以深化與打開「本土」的想像。

在我開始主編的前三期（二〇一三年一到三月）明顯地宣示上述目標：一月是學民思潮作為封面，標題是「青年改變時代」，這是《號外》轉身的宣言——我們要更與社會（或者改變社會的新力量）對話，更關注新世代與青年的聲音。內文既有學術與深度的論述（呂大樂、陳景輝、李照興），也有比較「號外」式的關懷如九〇後設計師的價值，並有台灣和中國的九〇後公民運動的報導。

二月封面故事是 Gay and proud，封面是黃耀明、何韻詩等五位同志，就在拍攝封面那個月，他們成立了大愛同盟，香港同志運動進入新的階段。五十頁的封面故事回顧香港同志文化與歷史、討論運動的困境、關注同志族群中的邊緣，還有多篇關於台灣與中國的文章。

三月封面故事是 Next Wave，是三位女性獨立歌手：張懸、盧凱彤和岑寧兒——後者甚至當時未出專輯，直到今年才出版首張大碟，獲得 iTunes 第一名。內容報導了香港這幾年興起的 band sound，討論了 My Little Airport，也介紹香港音樂表演場所，因為空間問題是香港獨立音樂發展的核心。

我在〈主編的話〉說：「探討香港的音樂新浪潮，並不僅僅是關於音樂而已。因為這些新音樂是要在僵化的主流體制外發出獨立的聲音，是要在地產霸權怪獸的巨掌下尋找游擊空間；他們的創作都是捍衛自己的信念，也是關於這個社會能否有更多元、更異質的面貌。而這，不也正是此刻香港所需要保衛和爭取的？這些湧現的聲音，你們聽到了嗎？Do you hear the people sing?」

此後，我們做了許多重大文化與社會議題的封面故事，以「重新想像中環」來回應占領中環、「香港躁動的十年」（2003.7-2013.7）、「在香港寫作」、新界東北、獨立書店、華語導演、攝影與建築、日常設計美學，也介紹台南的慢生活、紐約的藝術與地產的鬥爭；二〇一四年十二月，封面故事談占領之後如何「想像新香港」，二〇一五年一月，面對後雨傘運動的香港，思索「十種香港的未來」，封面是香港抗爭 icon——長毛。二〇一五年四月，封面人物是張艾嘉，封面故事是「向香港演員致敬」——曾江、林雪、惠英紅、廖啟智，因為，香港演員的機會越來越少……

除了大的封面故事，我們認真關注中港台的獨立音樂、電影、文化（每一期特別介紹一支香港新獨立樂隊），開創香港文藝先鋒系列（那些寂寞的先行者如郭達年、莫昭如……），刊登長篇論述，以讓香港多一個知識與思想的基地，且每期邀請 opening remarks 回應當下文化與社會事件。總的來說，《號外》希望提供一個平台，讓這一代的香港寫作者集結起來發出他們的聲音，讓《號外》成為這個城市的聲音——她三十多年前是，現在依然希望是。

評論人劉細良說，《號外》一直是在做香港的 styling。八〇年代是對個人生活品味或是新被關注的明星的 styling，現在的香港幾乎失去了那樣的魅力明星，人們也不需要被教導如何穿衣服。然而，現在的香港出現了新生命力，這兩年《號外》所做的就是讓這些新價值、新的行動者展現 style 和魅力，以讓香港建立起新的自我認同。

我們希望在這個困頓的黑霧中，重新找出香港的光亮。

在這兩年半，《號外》認真地記錄與思索了這個時代的憂傷與美麗，刻畫了這幾年正在發生的聲音。多年之後回頭看這些雜誌，讀者會知道香港曾經經歷了什麼，或者為什麼而奮鬥過。

當然，《號外》不是主編一個人的，是編輯部同事與外部朋友網絡共同創造的，我只是嘗試搭建一個平台。因此我特別感謝這些日子來香港朋友對我個人的鼓勵與支持，給了我一趟最美好的旅程。

## 3. 再會吧，香港？

我在香港的關鍵歷史時刻來到這個島嶼，在這兩年半的時間，我和香港人一起呼吸，一起憂悒、憤慨、無奈，一起撐起雨傘，體驗催淚瓦斯的滋味；在這兩年半的時間，我成為這個共同體的一部分，一個抵抗的共同體。

許多人常說香港沒有文化，作為一個香港文化雜誌的主編，我當然反對這句話。我看到香港豐沛的文化與創意能量，認識許多優秀的創作者，然而，他們確實比台灣或其他地方的人更艱難：地產霸權壓縮了他們的空間、政府對商業發展的重視永遠大過對文藝的扶植、黑暗勢力正吞噬他們的創作自由。

香港正在經歷一場巨大的轉型，正在經歷一場不同價值的爭鬥與不同世代的戰爭。八九〇年代流行文化的黃金時代一去不復返了，但我們不用活在灰色的鄉愁中，因為新的可能性正在爆發。

只是，上一代的既得利益者仍然是難以被撼動的。雨傘運動之後，掌權者說要給年輕人更多向上流動的機會，但他們不知道或不願意承認的是，他們本身就是這個阻礙。香港如果不能進行更徹底的政治與經濟的結構性改變，青年世代的創造力只會繼續被壓抑，只能繼續在夾縫中艱困地尋找出路。

真普選或者競爭性民主當然不是萬靈丹，但是一個活潑的民主能夠讓這個封閉的政治經濟體制打開一個裂縫，讓體制可以被搖動，新力量才能有機會推動香港往前走，否則未來只會是更多矛盾的爆發、更激烈的不斷爭鬥。

後占領時代的香港會逐漸沉沒，或是能夠浴火重生，現在還在未定之天。

我雖然要暫別香港回到台北，但這是一場不會結束的旅程——我與香港的深刻緣分與情感聯繫是不會斷的，尤其在台灣與香港的文化與社會抵抗的聯繫愈發緊密的未來，我們還有許多戰役要進行。

所以我不會說，再會吧，香港。

# 輯三——
# 中國

# 小粉紅們與戴立忍們

「過去我參與公民運動是社會參與，並非起於政治行動，更無關於特定政黨的支持，那是對於弱勢或不公不義事件的發聲，也是透過社會參與的公民責任。」

「平和地參加遊行，保護你所相信的價值，在當時已經是生活在台北的一部分。」

這兩段話來自戴立忍三千字的道歉文。我為他必須以一篇長文如此徹底交代自己各種社會與政治參與感到哀傷與感慨，我也不確知是否所有的交代都是他誠實的想法，但我知道，這兩段話是他真真確確的信念。

而這也正是他或其他許多台灣與香港人（乃至不少大陸自由派）與中國小粉紅們最大的價值差異。

在狹隘的民族主義者眼中，對國家表達愛的方式，是先有一個虛假的國家利益（等於黨的利益）、虛幻的祖國概念，然後去攻擊他們認為不利於國家利益的對象，去批評他們認為不是「完全只有一顆中國心」的人。他們並不知道，另一種愛國的方式是去批評與抗議你的政府，是去為這個社會弱勢的群體發聲，是去改變這個社會的制度，讓人們可以過上更有尊嚴的生活。這種愛是對土地與人民的同胞愛，而不是對所謂國家（等於統治者）。

他們不知道異議既是公民的基本權利，甚至是公民精神。

所以他們認為太陽花是台獨——但事實上，太陽花的參與者有不同立場，有人反對程序黑箱，也人抱著對公共事務關注的公民精神，當然也有人是因為支持台灣獨立。

所以，他們認為何韻詩的占中行動是港獨——但事實上那是為了香港普選，亦即香港政治體制的民主化，且她或大部分港人是接受一國兩制下的高度自治，如果真的有的話。

很顯然，「一元的黨國至上理念 vs. 多元的公民參與精神」的巨大價值差異，正是太陽花運動和雨傘運動的根源之一，也正是這種差異讓更多人支持台獨和港獨。

然而，這種憤青民族主義的趨勢，在中國似乎越來越強大，影響越來越深遠。

「不管導演還是整個團隊，完全只有一顆中國心。我們為自己的祖國自豪。」

「藝術家無邊際，但藝術家要有情感和態度……服務於他的人民！尤其在國家和民族大義上不得半點虛假，也不容許任何模稜兩可。」

這段《沒有別的愛》劇組發表的宣言，彷彿是這個時代藝術（其實是「娛樂」）與政治的新宣言，一個指向未來的譬喻。

今年也正好是《中國可以說不》這本書的二十週年。從九〇年代後期開始，中國的憤青民族主義開始爆發，到了二〇〇八年的奧運前進入新的高潮。二〇〇八到一二年，中國進入微博時代，一個準網路公共領域出現，人們在這裡圍觀中國內部的各種公共事件，從官民矛盾到貧富不均，從各種強拆到溫州動車事件，內部的火燒不完，民族主義憤青沒太多機會指責外國。

但二〇一二年之後，公共領域和公知倏地消失，政府強化對內控制與對外權力擴張，愛國主義憤青從原本是中國現代化進程中的失落者，又加入了九〇後消費主義世代的小粉紅。

他們對港台人士與中國大陸的交流造成嚴重影響，成為兩岸互動中新的「中國因素」。在二〇〇〇年張惠妹因為在總統就職典禮上演唱國歌而被禁止去中國演出，其後也有不少人因為各種理由被官方禁止去大陸。但在過去幾年，發動壓制的機器不再是官方，而是小粉紅們（和曾經的黃安），他們在網路上捕風捉影地指控某些藝人是台獨和港獨，要他們滾出大陸，並且給商業單位施壓。

就在戴立忍事件爆發那幾天，何韻詩號召小店鋪與個人贊助她去紅磡體育館演唱——以往香港歌手去紅館都是有大的商業贊助，但參與民主運動的何韻詩幾乎得不到任何和中國有關的企業的支持，於是她只能尋找本地公民社會的支持，走出一條不同的路。

戴立忍與何韻詩的公民參與，反映出的是在台灣與香港長久以來許多人「平和地參加遊行，保護你所相信的價值」，才建立起一個多元而強韌的公民社會，因而可以成為現在支持何韻詩的力量。

這是台港和中國歷史軌跡的巨大差異，也是中國民族主義者所不能了解的。如果這種狹隘盲目的民族主義繼續遮蔽了中國內部異質性和對外部世界的理解能力，那麼台灣和香港只會和他們的距離越來越遠。

# 從愛國青年到憤青

二〇〇九年時，小趙還是個念中學的少年，住在山西平遙的美麗古城。

那一年，中共建黨九十週年，小趙和朋友們穿著軍裝揮舞著紅旗在街上遊行，高喊「還我釣魚島」。

對於祖國，他們感覺到很驕傲。

物質上的進步是那麼明顯，前一年中國舉辦奧運，更讓世界的鎂光燈打在他們身上。

小趙尤其佩服毛主席，也喜歡唱紅歌。

不過，他手上拿著一罐可口可樂偷偷說：「在喊愛國主義時，不能帶著可樂，因為可樂是美國的，有點尷尬。」雖然可樂也是紅的。

一年之後，他去成都上大學，在牆上貼著毛澤東和周恩來的海報。

小趙是紀錄片《少年小趙》的主角，導演杜海濱是當代中國重要的紀錄片導演，曾以關於川震的作品《1428》拿下威尼斯影展地平線單元最佳紀錄片。他在〇九年遇上了這個年輕人，本來是想通過他了解當代中國九〇後青年的愛國主義，沒有料到他一路記錄小趙的成長，竟然看見小趙的價值觀起了轉變。

剛上大學前兩年，小趙仍然很「紅」，熱烈參加紅歌比賽，且歷史課仍不斷告訴學生們中國共產黨的偉大（老師說：「是誰帶領中國脫離了數百年悲慘的命運？是中國共產黨！」），而不遠處的重慶更正在熱烈「唱紅」。小趙前往落後地區參與支教，老遠跑到山下買了國旗，在這個幾乎什麼都沒有的小村子升起國旗，教彝族小朋友大聲說，「我是中國人」……

但漸漸地，他對現實世界有了更多了解，薄熙來下台讓他對政治多了一分認識，平遙老家被拆遷讓他悲憤莫名。他在影片中帶著羞赧與疑惑說：「民主專政是什麼？就是那些人大代表，那人大代表又代表了誰？其中有誰代表農民嗎？」

「現在的中國，看起來很繁榮，但是是建立在什麼之上？表面上富強，但其實是高消費、高污染，而不是高效率、高質量、高發展……」

某一個意義上，小趙經歷的人生是許多中國青年所經過的人生，畢竟人長大了、世界開拓了，不這麼容易被蒙蔽。小趙在台北和香港的映後座談都說到，回頭看這影片，他幾乎不敢相信自己曾經說過那些那麼愛國的話，但那畢竟是他人生的一部分；許多在香港觀影的大陸學生也都有同樣感受：他們現在更會挑戰與質疑過去的教育了。

然而，並不是每個人長大了、見到外面世界了，就不再盲目了。

片中小趙經歷的轉化是從〇八年到一二年以後，在這個時間段雖然他個人思想漸漸開明了，但歷史的進程卻恰恰並非如此。

〇八年到一二年的中國可以說是矛盾的巨大集合。一方面，那是中國公共領域相對熱鬧的時期，許多事件都進入公眾視野，這一部分是來自於此前幾年累積的公共文化，包括報紙評論版角色和公知的崛起，另部分是微博的出現創造了某種公共領域，以至於人們一度相信「圍觀改變中國」（如今誰還記得這句話呢？）。另方面，〇八年的奧運也是中國崛起的新高潮，且那年全球金融風暴對世界產生很大衝擊，也使得中國在世界的身影更為巨大。

那幾年是矛盾激烈爆發的年代。

然而，一二年之後，中國的公共領域倏地沉默下來——因為政治更高壓了，資本更多了（所以許多媒體人轉去創業），還有科技因素——微信取代微博，但前者比後者遠不利於公共討論，而「公知」、「大V」，都成為了歷史名詞。

於是，在這個時代才開始認識世界的少年（基本上是九〇後半出生的），見到的是中國更為強大，公共領域卻更為蕭條，因此有更濃厚的愛國主義傾向、更不信任普世價值。我的媒體朋友說，他們幾乎沒法和現在畢業的年輕人溝通，因為此前，有志青年們是讀著《南方週末》長大的，而現在，大家都在讀什麼啊？

因此，少年小趙的故事只是九〇後青年的部分故事，甚至可能是非典型的。在這個時代，愛國主義仍然是，而且更是宏大的主旋律。

# 如果國民黨統治了四九年之後的中國

在寫了多年關於香港的評論與小說後，移居北京多年的香港作家陳冠中在二〇〇九年出版政治寓言小說《盛世》書寫中國未來的二〇一三年——現在這已經是過去了，但有的寓言竟成為真實的「預言」；然後是關於西藏問題的第二本小說《裸命》。今年，他的新書《建豐二年——新中國烏有史》把台灣元素加進來，內容是如果一九四九年的國共內戰是國民黨贏了，歷史會有什麼不同嗎？

本書背景設定在四九年之後到一九七九年的三十年，一方面現代中國在那之後徹底不同了：鄧小平的改革開放啟動，魏京生的民主牆行動失敗，為後三十年政左經右的「中國模式」埋下種子。在台灣，一九七九年發生美麗島事件，國民黨的威權政體鎮壓了七〇年代崛起的政治反對運動和民間社會，然而，這個鎮壓沒有讓台灣回到黑暗時代；相反的，美麗島事件之後的台灣，台灣民主運動越挫越勇，且有更多的社會抗爭出現。國民黨在一九八七年宣布解嚴。台灣的前後三十年確實也是完全不同的時代。

陳冠中對於歷史的不同可能性很有興趣，在寫了反烏托邦小說《盛世》之後，他開始思考「烏有史」（Uchronie）的可能性。而在近代歷史上，影響最大的歷史時刻就是一九四九年：所有華人的生命歷程都被劇烈的攪動。

在陳冠中的烏有史中，一九四九年後國民黨執政的中國大陸當然沒有大躍進、沒有文革，而是每年經濟成長百分之十三的「中華奇蹟」。雖然沒有毛澤東的統治（他被流放到克里米亞），但是國民黨仍然一黨獨大，蔣家政權依然是強人獨裁、鎮壓異議，蔣介石連任總統到一九七五年過世。在這個中國版圖中，台灣只是一個「不太起眼的農業省分」。

故事展開於一九七九年十二月十日——亦即建豐二年，蔣經國接班的第二年——的北平，來自各地的異議份子，從胡平到林昭到陳子明到李敖的異議知識份子，準備密謀一場反抗行動。

《建豐二年》是一部奇書，奇在於陳冠中重新書寫歷史，內容真真假假，但這些重構的故事都必須有所本，不論是論證的理據，或是人物的個性。

關鍵是，這部烏有史看似荒誕，但或許更能讓我們接近歷史的本質：因為當許多條件與情境被改變之後，可能更能看清楚事物之間的關係與歷史的邏輯；許多的歷史必然也許其實是偶然，許多我們以為是特殊歷史情境的不必然也可能是不可避免的。

例如，蔣介石在台灣的個人獨裁，在現實歷史中的藉口是因為台灣處於國共對峙的軍事狀態，並透過法律《動員戡亂時期臨時條款》來合理化凍結中華民國憲法；但在《建豐二年》一書中，即使他順利統治全中國，他也是個維持一黨獨大的獨裁者。顯然這是此人的本質，在不同環境下都是有同樣結果。

這本小說只寫到一九七九年，但如果依歷史的邏輯，我們或許可以幫陳冠中推演建豐二年之後的中國會是如何？小說中的開場與結尾是一群異議人士在北平被逮捕——一如在現實中，在那個時間點確實兩岸的民主力量都被鎮壓，但在台灣，因為三十年的高度經濟發展培養出一批中產階級，以及一批不在黨國資本主義下的民間經濟力量（如大批中小企業），這些人渴望改變政治體制，而成為後來政治反對運動的基礎。當然，社會力量如果沒有被組織和動員，也不能產生政治力量，這也是本書沒有提及的一個關鍵：建豐二年的中國是否如現實中的台灣一樣有省市議員和縣長的地方選舉？如果沒有開放選舉，如果一切反對運動的組織化都被嚴密打死，那麼即使有中產階級，民主的動力也確實很難出現——這是現實的中國所發生的。但如果有部分選舉，加上經濟「奇蹟」，那麼建豐二年的異議份子還會這麼脆弱嗎？

此外，如果建豐二年後的中國沒有民主，那麼當若干年後，中國從英國手中接回香港

（當然若四九年共產黨沒勝利，之後不會有文革，也不會有大批移民到香港），一個相對自由開放、一個中西混雜的城市，被一個威權中國所統治時，是否仍然出現今天香港的政治矛盾，或者，中港矛盾？這應該也會是陳冠中會關心的。

# 不會再回來的生猛中國

那是中國搖滾的盛世，卻是一個蒼涼的盛世；世界似乎正在成形，但很快地，所有流動的事物都就都凝固了。

中國攝影師高原新出版的攝影集《把青春唱完——中國搖滾與一個文化群體的生活影像》凝視了那個火熱的時代：九〇年代中國搖滾和民謠音樂人，包括唐朝、竇唯、張楚、何勇、老狼，和他們的音樂圈朋友們。

高原就是那群人的一員，所以書裡有許多公開演出與活動的影像，也有更多他們在生活中開心、疲憊和哀傷的面容。

九〇年代前期，正好是我的二十歲青春，我被這些來自彼岸的生猛音樂深深地撼動著，且在那個兩岸終於打破幾十年的圍籬而開始交流的年代，我們在音樂中開始認識了迷霧中的陌生中國。

那是中國搖滾樂的誕生時期，也被視為中國搖滾的黃金時代。那些主角們不僅在中國成為搖滾巨星，也征服了香港——九四年他們集體在香港紅磡體育館的演出，成為中國搖滾史的重要事件，演出的VCD則讓中國樂迷認識到真正的大型體育館演唱會。

那也是中國的一個特殊歷史時刻。八〇年代的改革開放，人們開始尋找各種思想資源，從詩歌到哲學到崔健的搖滾樂；他們感到「一無所有」，感到被禁錮幾十年的強烈精神飢渴，因此想要用力地打破紅旗下的蛋殼。

八九年，一整代理想主義青年走上街頭，此後，他們在政治上被噤聲，但他們仍然想跟時代奮力搏鬥。尤其是後極權主義下的壓抑、教條和虛偽，讓具有解放身體的強烈快感，強調反叛、自由與真實自我的搖滾樂，成為中國青年的宣洩出口。

他們用力地唱著歌、扭動著身體，生活在真實中。

台灣的滾石唱片看到了中國搖滾樂的原始躁動，進入中國並加入台灣的流行音樂產業元素，用更好的製作和企劃，創造了這個黃金時代。

一九九五年，唐朝貝斯手張矩意外身亡，魔岩唱片也因為公司策略離開大陸，這個有點虛幻的盛世頓時崩解了。這何嘗又不是中國的理想主義時代的終結呢？九二年鄧小平南巡，中國進入新的鍍金時代，金錢邏輯成為時代精神，後魔岩的中國地下搖滾雖然依然生猛，卻只能是時代的邊緣戰鬥者。

直到新世紀初，九〇年代後期的地下搖滾和民謠逐漸形成一股強韌的逆流文化，二十一世紀初出現了迷笛音樂節，然後資本和權力慢慢理解如何去轉化或者消蝕青年的反叛，於是音樂節越來越大、越來越多，看似又出現一個新的搖滾燦爛時代。一度沉寂的魔岩三傑中的張楚和何勇也重出江湖，二〇〇八年我在北京的摩登天空音樂節看到這兩人作為壓軸的演出，淚流滿面，因為那是我不會回頭的青春。

那也是他們的青春。甚至，那何嘗不是改革開放後「新」中國的青春，或者後青春期（八〇年代更像青春期）？那個中國曾經一度生猛狂野，一切彷彿還有可能。但進入二十一世紀初，這些不羈的身影逐漸被抹平，正如破舊的胡同都被光鮮的大樓所取代，巨大的權力中心和資本的瘋狂競逐寫下了中國方程式。

悲傷的是，九〇年代的搖滾英雄們，除了崔健仍然是搖滾巨星，其他有的人被憂鬱症俘虜，有的被時代遺忘，有的仍在做音樂卻再也無法掀起波浪。（一部關於他們的紀錄片就叫《再見烏托邦》。）

老去的不只是搖滾英雄們，還有整個中國，畢竟那個曾經生猛的中國不會再回來了。

高原說的好，「那時我二十歲，並不蒼茫，其實我們的迷茫是從四十歲開始的。」

# 崔健的藍色骨頭

二〇〇八年五月在北京的星光現場，一週前剛發生五一二汶川大地震，成千上萬的人在黑暗中死去。今晚在這裡舉行一場搖滾樂的賑災義演：中國知名搖滾音樂人許巍、汪峰、子曰、艾敬和崔健等都參與演出。（在五一二後的頭幾天，各娛樂場所都取消演出。）

過去這一週的中國當然是悲痛的。我在王府井大街上，看到年輕人自發地遊行，高喊中國加油、四川加油。演唱會現場也是悲傷而激憤的。汪峰唱起了一首〈我愛你中國〉，雙腳跪在地上，激情地唱著：

我愛你中國 心愛的母親
我為你流淚 也為你自豪
我愛你中國 親愛的母親
我為你流淚 也為你自豪

有意或無意之間，同胞的傷痛被轉移成對祖國的愛，以及對國家和執政黨更崇高的正當性。

我身旁的知名樂評人朋友表示非常噁心。

壓軸演出的是崔健。那是我聽他音樂二十年來，第一次能夠看他現場演出。崔健一向是搖滾形象，他的憤怒與批判，與體制的一度抗衡，樹立了搖滾的叛逆形象。我非常興奮，但又擔心在這樣的場合，他會同樣濫情與媚俗，毀掉我對他的尊敬。

在唱了幾首自己的歌後，崔健說，他寫了一首歌特別適合送給汶川災民，這首歌叫做〈光的背面〉。然後他說了幾句我們跟汶川人站在一起之類的話。

我鬆了一口氣，並且更為佩服。「光的背面」是多麼適切而詩意的比喻啊，畢竟彼時還有許多人被壓在瓦礫之中等待救援，他們在光的背面艱辛地生存著。而老崔表達的是對汶川人的情感，不是祖國母親。

今年春晚首次邀請崔健，又引起巨大討論與關注：崔健會上春晚嗎？崔健上春晚是不是對搖滾精神的背叛？一個具有反叛精神的人可以進入體制嗎？然後，據稱因為春晚拒絕崔健唱〈一無所有〉，所以這個搖滾老炮決定不上春晚。

崔健最終證明了他依然是崔健。

從誕生之初，搖滾就建立起反叛與反體制的偉大神話，但實際上，搖滾樂一直是屬於音樂工業的一環，而搖滾的反叛形象甚至常常是更有利於消費市場的商品標籤。但搖滾的反叛神話確實也鼓勵著一代代青年去對抗主流價值，思考社會矛盾，甚至起身參與社會運動。不論是 Bob Dylan 的反戰歌曲，約翰．藍儂的〈Imagine〉，龐客音樂的街頭暴動，或者從崔健到左小祖咒如利刀般切入中國土地上的膿瘡。

搖滾固然是體制的一環，但是搖滾作為一個理想與尺度也讓人們得以去評價不同以搖滾為名的藝術家距離神話有多遠，因為相比於流行樂，搖滾樂自認，或者被認為，是比較誠實而不媚俗的。所以當一個地下搖滾人進入主流音樂工業或者主流節目時，人們會問：他是否依然會堅持做自己想做的音樂，說自己想說的話？

在中國的環境下，一個具有獨立或搖滾精神的音樂人當然特別不容易，一方面是政治控制，另方面是巨大的金錢誘惑，在這兩者之外還有激動人心的愛國民族主義。這三者，都可能讓搖滾或任何藝術喪失最重要的質素：批判性的反思。

而春晚就是這三者的超級結合體：上節目是賺得了商業利益，失去了言論自由，並且為祖國母親畫上美麗濃妝。

（這一年關於春晚最火的一句話就是歌手王芳在微博上的這段：「那些侮辱自己祖國

的人，請先看看你們自己為這個國家做了什麼。我就是個丫頭片子，也許是你們說的工具。無論什麼情況，愛祖國愛民族不會錯。一個孩子，從媽媽肚子裡出來，猛踹他媽媽，說長得不漂亮或者舉止不得體，合適嗎？更何況，媽媽在改。我的名字是媽媽取的，她說不為多好聽，就因為感動。」）

音樂與文化評論人張曉舟說崔健是主張理性愛國主義，但至少，老崔的愛國主義至今還是理性的。他仍然在思考，並且仍願意談論中國當下的種種問題。他不會唱〈我愛你中國〉。

二月初崔健在紐約宣傳新電影《藍色骨頭》，他說：「其實文革還沒有過去，只要天安門上還掛著毛主席像，我們都還是同一代人。」而在這部電影的同名歌曲中，他唱著：「多年的政治運動使人們厭倦了紅色／周圍黃色的肉體已經把靈魂埋沒／只有扭曲一下我自己／抬頭看看上面／原來是少有的一片藍藍的天空紅色已經把鮮血污染了／真不知血和心到底哪個是熱的／陽光和燈光同時照著我的身體／要麼我選擇孤獨　要麼我選擇墮落。」

在座談會中，他被問到對現代中國社會現象的感受，他的回答是「張著金牙，還唱〈一無所有〉」。

（本文原寫於二〇一四年）

# 生活的尊嚴

## ——電影《Hello！樹先生》與閻連科

「這是一個讓生活充滿幸福……從六十到兩百平方，占地八百畝，獨具匠心的版型設計，將給您帶來別墅的享受，對人的體貼關愛，對人格的塑造，對人居空間的拓展，幸福生活在不經意間流淌，太陽新城，我心中的太陽！」

一輛宣傳車在這個山西貧困的煤礦區開過，宣傳著美好如太陽般燦爛的美夢，只是不知道這些宣傳到底是給誰聽的——顯然不是樹先生。

都說當代中國現實是一個最魔幻寫實的地景，受到許多好評的中國電影《Hello！樹先生》就更直接以超現實手法，述說一個北方中國農村的黑色荒誕喜劇。

這部片宛如賈樟柯「故鄉三部曲」的延伸：同樣是以山西為背景，探索個人命運和農村或縣城的現實，關心底層小人物如何在生活中尋找夢想與尊嚴。導演韓杰確實和賈樟柯合作過，也和他是山西老鄉，而這部片也是賈樟柯監製。但他的影像語言不是如當初《小武》或《逍遙遊》讓觀眾徹底感覺到農村的黃土撲面而來，而是透明而詩意的。

影片中是典型的中國農村：農民土地被非法占用、開發公司在當地編織不切實際的發展夢想，以及一個明亮的新住宅將以奇怪的姿勢出現在黃土地上。

樹先生也是每個小鎮中都會有的人物：終日無所事事，心中有點自卑，但也有成功的欲望。他在工作時因為眼睛受傷而被解雇，更加遊手好閒。

他是有強烈自尊的。當他的小弟們忙著工作，問他最近如何時，他會回答說：「最近挺忙的，好多人都找我。」但他並非只是一個阿Q，而是有著素樸的勇氣：在兄弟被惡霸欺負時，他會挺身而出；在有酒意時，他會直接跟地方惡霸說：「占我們家地也不打聲招呼，你仗你姊夫是村長，裝牛B是吧？」——雖然他最後還是向惡霸下跪道歉，但他要到房裡道歉，為了保留一點起碼的尊嚴。

這個尊嚴得來如此不易。樹先生害羞地和老友討一份工作，害羞地追一個聾啞的美麗女孩。不過，當他靠著簡短美麗的情詩追到女孩、幸福真的來臨時，他卻不斷看到死去父親和哥哥的幻影，以至於無法做一個正常的丈夫。但此時，他卻奇異地擁有了預知能力，開始受人尊敬，甚至被礦業公司邀請去參加開張剪綵。

他成為一個成功的人，有了更多的尊嚴。

樹先生不斷在他的大樹上上下下，在虛幻與現實的世界中進出，帶領我們看到中國城市與農村的荒涼現實，看到人的脆弱與無奈、欲望與自尊。

導演韓杰說，「樹先生懦弱到一種極限的時候，會用一種極端的強烈的有動物凶猛那樣的意識，奪回自己的尊嚴，貌似軟弱和狡猾，實際上有農民骨子裡非常強韌的那種根性。其實他不是預言家，只是道破了真相。」

的確，在一個謊言與虛偽的時代，說出真相的人反而被視為是一個狂人。樹先生讓我們看到，追求生活的尊嚴是底層民眾如此基本的欲望；但是他所不知道的是，就算他有了世俗的名利成功，如果民眾欠缺被保障的公民權利，他的一切仍然可能隨時被剝奪，而成為一條喪家之犬。

知名小說家閻連科去年在北京的家遭到強拆，他曾寫了封公開信給最高領導，但沒人回應。他在一篇文章說：「這次經歷使我意識到，一個公民和作家的尊嚴，尚不如一隻餓犬向主人搖尾乞食重要；一個公民可享有的權利，還不如一個人手中握住的空氣多。」

而當他回到也可能有樹先生行走的農村老家，家人告訴他生活已經很好，不要再抱怨批評。但他說：「我不知道我的家人是真相信這些東西，還是只想安慰我而已。我不知道這幾年獲得的財富，是否真的讓中國人民堅信，吃得飽、穿得暖真的比權利和尊嚴更重要？

或者，在他們看來，一盤餃子，口袋裡的一點錢，比權利和尊嚴更有用？」

於是，這位當代中國最重要的作家一邊開車，一邊沒來由地落淚：「我只是很想哭。是為我母親、兄長、親人們以及那些同樣有了吃的就忘了尊嚴的陌生人們？還是為那些像我一樣熱愛權利與尊嚴卻活得像喪家犬之人？我不知道。我只想大聲哭泣。」

# 霧霾之下

七八年前認識一位在中國從事環境運動的朋友，他誠摯地跟我說，他的目的其實不只是改善中國環境問題，而是希望透過環境運動推動中國公民社會的發展。

這七八年來，在許許多多的NGO努力下，中國公民的環境意識確實增加了，但是意識增長的速度遠比不上環境的惡化：河川污染更嚴重、土地中毒更深，霧霾也更濃烈。中國的「公民社會」發展更是進一步退兩步，NGO和媒體都被嚴重打壓，甚至這個詞彙本身都成為一個敏感字眼。

中國前央視記者柴靜造成兩億人次觀看熱潮的紀錄片《穹頂之下》，也必須放在這個脈絡下來理解。

這部片子固然有很大影響力，但也引起不少批評——這現象被稱之為「劈柴」。批評者認為柴靜沒有直指霧霾問題或者一切中國問題的核心：政治權力的壟斷，並且在影片最後仍然回到「從我做起」：「我不想等待，我也不再退位，我要站出來做一點什麼。」

甚至有人認為，此片訪問到這麼多官員，出來後有官方推薦（包括環保局長）和官方媒體的推動，應該有某種政治背景。更有甚者，片中大膽地批評中石化，因此有人認為這和此前習近平和周永康及其背後石油集團，乃至和江澤民的政治鬥爭有關。不過，此片在網路上發布兩天後，先是官方下令媒體不准討論，後來則把影片從中國境內網站拿下。

持平而論，此片已經頗為大膽；片中批評官方執法不力、環保標準是由石油利益集團所控制、以及環保部門沒牙齒等等，且絕非只說要從個人做起，也提出要體制改革、打破國企壟斷，以及「只有信息公開，才是一切公眾參與的基礎」這樣的政治論述。（真正可笑的個人主義是中國知名作家于丹二月時在微博上發表了這樣一段話：「關上門窗，不讓霧霾進到家裡；打開空氣淨化器，不讓霧霾進到肺裡；如果這都沒用了，就只有憑自己的精神防護，不讓霧霾進到心裡。」）

這些主張確實可能符合特定部分或政治力量的政治議程，或起碼是他們的默許，但這不可能證實，且這種陰謀論無助於公共討論。此外，批評柴靜影片沒有真正的政治批判也可能陳義過高，因為她畢竟不是一個政治異議者。有人形容，柴靜事件有點像是八〇年代龍應台的《野火集》：在威權時代中，他們對體制的溫和批評、對個人的道德呼籲，都在群眾中引起廣大共鳴，但真正的政治反對派卻批評她們迴避問題核心：政治權力。這是一個準確的比喻，雖然兩者有完全不同的情境：在台灣，相對於當年《野火集》的溫和路線，有黨外運動的組織和走上街頭的社會運動在不斷挑戰著威權，兩種路線交互鬆動著體制。但在當下中國，尚缺乏公民社會的組織性力量，更遑論政治反對運動。

無論如何，中國當下真正的霧霾是覆蓋一切的、讓人窒息的「政治霧霾」——就在三八婦女節前夕，五位年輕的女權工作者因為發起制止性騷擾運動而被逮捕。因此，重點不是柴靜的影片有多少人觀看，而是只要在中國的穹頂之下，政治霧霾依然濃厚，少數個人行動還是無法換來真正清新自由的空氣。

僅是一根柴所燃燒的明亮，很快就會熄滅。

# 不會來臨的暖冬

今年二月，媒體上爆出陝西省神木縣出現一個「房姊」，因為她在北京的高級住宅區有二十多套房。她的身分是陝西省神木縣農商行副行長、榆林市人大代表，而置產的錢當然是從她的特殊職務所來。

神木縣是中國產煤第一大縣，因此這個小小縣城能養出許多巨豪如「房姊」。然而，他們的金錢卻不是在煤礦，而更是在「人」身上所壓榨出來的。《礦工》這部影片就是描寫神木縣礦工的故事。拍攝手法非常直白、平淡，就是關於他們的宿舍生活，他的家庭（老婆和兩個小孩），他們如何看待自己的生活，但是這樣的白描卻十分動人，讓我們看到巨大利益之下的底層生活面臨的是什麼樣的危險與困境。

神木的故事其實就是整個當下中國的縮影。在上層是權力和資本粗暴結合的網絡，而底層卻是背負著沉重的所謂「金磚」、在黑暗骯髒的通道中奮力前行的勞動者。

但中間層呢？相對於礦工工人，北京的藝術家應是文化資本和社經資源都更為豐厚的群體。二〇〇九年底，北京近郊十幾個藝術區面臨強拆，藝術家必須在十天內離開，沒有任何賠償。這也是每天在中國上演的老故事，快速的城市化讓土地資本成為金色的泉源，而地方政府成為壟斷暴力的共謀者。

一週之後，開發商斷水斷電斷暖氣，而那是一個酷寒的冬日。

這群藝術家並不甘心就這樣被強拆，他們決定展開藝術家維權行動，稱為「暖冬計畫」。導演鄭闊的紀錄片《暖冬》記錄了這一過程，包括藝術家的訪談，以及他們的行動：如裸體在寒冬進行行為藝術，兩排被吊死的綿羊造型、藝術家身穿印有「China-拆那」的陰陽服、手打陰陽傘，或者集體戴上面具坐地鐵進北京市等等。一如其他維權者，他們也被神祕暴徒攻擊與傷害。

最激烈也引起最多爭議的行動是，十幾名藝術家在二〇一〇年二月二十日上長安街遊行。影片中並沒有記錄當天遊行，但是對這個遊行的討論卻是影片後半段的重點：有的人只希望停留在經濟維權、要求補償，不要上升到政治事件，有的人如艾未未卻嚴厲批評藝術家不敢去遊行或者不願讓問題政治化，難怪讓體制看不起人民。

在這段關於政治化的爭論之後，影片轉向另一個爭議：開發商最終給予藝術家們補償款，但是藝術家之間卻對金錢補助的多寡起了爭執。利益讓他們彼此不信任。這也是影片豐富之處：這不是一部傳統的拆遷維權、正義維權對抗邪惡政府與開發商的影片，而是要折射出人的勇氣與懦弱、欲望與脆弱。

然而，何必苛求人性，那些脆弱與懦弱不也是由於體制的龐大嗎？所以導演鄭闊說：「這個時代在極權和市場面前每個人都很尷尬，這個時代是沒有英雄的時代。」

艾未未的期待是對的，不去改變體制，礦工或藝術家的命運不會真的改變，暖冬也不會真的來臨；這一次拿到錢了，下次可能會遇到其他問題，或者換他人遇到強拆。嚴厲的寒風總是會強勁地吹著。

# 野心中國

## ——關於《野心時代》與《大路》

《紐約客》記者歐逸文（Evan Osnos）的《野心時代：在新中國追求財富、真相和信仰》是對當代中國的精確描述嗎？

是也不是。

歐逸文在此書中，認為當下的中國是一個「野心時代」（這是中性的字眼），而這個時代有三種主角：追求財富的各種企業家、追求真相的記者或異議者，還有追求信仰的信徒。這些追求有很大一部分都受到了阻礙，但他們對這些東西的追求的確定義了這個時代。

他說：「四十年前，中國人民事實上沒有取得財富、真相或信仰的管道——因為政治及貧窮，這三件東西無由取得……一個世代內，這三種東西他們都有管道取得，而且還想要更多。以往幾乎全由他人操控的東西——比如決定到哪兒工作、旅遊、嫁誰娶誰——中國人民已能自由掌控。只是隨著那些自由的擴大，共產黨不斷採取步驟來加以適應。」

這本書最大的問題在於他寫了三種人的野心，卻沒有寫最大的野心者：中國共產黨。是這個執政黨對於財富的追求，對於真理和信仰的壟斷野心，對於強兵富國的欲望，扼殺了人們的追求。（歐逸文確實在序言中說，這些故事是人民的渴望與集權主義的碰撞，但後者如果用他的「野心」概念來描述，或許更恰當。）是黨國的野心鼓勵並且釋放了民間對財富追求的野心，卻壓抑他們對真理和信仰的追求。

然而，此刻那個野心時代中的中國似乎正逐漸消失。

對財富的追求當然不會停止，畢竟這是過去三十多年來中國發展的動力。但對真相的追求卻越來越微弱。書中的主角們，艾未未被噤聲了，韓寒不做公共發言了，陳光誠去了美國，劉曉波在監獄，胡舒立和中國新聞媒體們受到越來越多限制。

歐逸文所在的中國時期是〇五年到一二年。在這個年代中，中國對外崛起的巨大身影伴隨著國內各種矛盾的激烈爆發；從博客到微博，民眾取得新的發聲工具，在殘缺的公共空間中努力發出各種聲音。

在那幾年，我們會看到房屋被拆遷者自焚的消息而為之心酸，我們會看到大連和其他地方居民為了環境走上街頭而覺得興奮，我們會看到每一兩個月就有一個陌生的地名因為抗爭躍入公共視野，每一兩個月就有一個重大公共議題糾結著人們的心情。

但現在那一切似乎都消失了：公知與網路大V被沉默了，媒體被整肅，維權者被消失，曾經活躍的公共領域在這兩年幾乎徹底崩塌。

一切曾經劇烈的變動現在都已煙消雲散。

歐逸文《野心時代》其實是一種人民的「中國夢」，不論這個夢是財富、真相或者信仰，只是當如今真正進入號稱「中國夢」的時代，卻只剩下一種中國夢。

相異於歐逸文全景式角度，另一種凝視中國的視角是中國獨立紀錄片導演張贊波在台灣出版的著作《大路》。他在湖南省懷化市東北角的小村鎮「中伙鋪」——這個名稱代表這裡是一條千年前古老驛道上的一個小村莊——蹲點三年多拍攝紀錄片，和築路民工一起生活，記錄了一條高速公路從無到有的興建故事，以及這條公路底下那些勞動者的生活。

面對當地有人質疑張贊波為何在此拍片，他給了一個聰明的主旋律回答：「我想通過記錄一條道路的修建過程，來表現公路建設者這個群體的精神面貌和勞動風範。」這個答案讓他獲得當地幹部和工人的信任，但他當然不是真的來頌揚偉大的公路建設。

真正的頌揚者是如當地湖南省高速公路管理局馮局長，他也是湖南作協的作家，出版過多部著作，入圍過「魯迅文學獎」，有一本重要作品是《速度之戀——高速公路文化家園》，腰封上寫著：「詩人的激情，學者的智慧，英雄的膽略，書生的謙卑。這是國際罕見的從精神的高度描繪高速公路的燦爛畫卷，這是國內第一次從文化視角書寫高速公路輝煌巨著。」後來，這位局長因為腐敗被雙規了。

這真是非常中國。

「中國正處於從農業時代轉型為工業時代的某個階段，粗糙、龐大、野蠻，這個時代的標籤是鋼筋和水泥。」張贊波說。的確，沒有比高速公路和高鐵的建造，更能象徵中國當下的時代精神。在湖南，省委書記張春賢甚至主張「彎道超車」，他說要想領先對手，必須在大家都拐彎減速之際，加踩油門搶道勝出，越是危險，越是有機遇。在高速公路開工儀式上，主席台背後宣傳版上寫著：「加快富民強省，實現彎道超車」。

到二〇〇八年年底，中國的高速公路通車總里數超過六萬公里，成為僅次於美國的全球第二。中國官方對此充滿了無與倫比的自豪，《大路》也引述了許多網民在網上表達的驕傲感，認為這就是「中國崛起」。

在這本精采的田野調查中，我們看到底層工人的辛勞，不受保障的工作環境和勞動條件，看到政商利益的糾葛、利益集團的腐敗，看到黨的力量和意識形態教條的無所不在與荒誕可笑，也看到大規模的徵地和拆遷——官方把拆遷當作是一場「波瀾壯闊的徵地拆遷攻堅戰」，但他們所呈現的結果是「和諧拆遷」。

當高速公路帶來更多發展與經濟成長，許多人不但分享不到那些財富與光榮，而是只讓他們的血和青春被快速的車子輾壓過去。不過，張贊波不只是義憤填膺地站在底層工人這邊，去政治正確地指控掌權者，而比較是娓娓道來底層民工的故事，讓我們看到他們的無奈、他們的貪婪與虛無、他們對暴力的漠視，以及他們如何努力活著追求他們的「中國夢」。

書中當然也有明眼人。一個唐老師在三杯酒下肚和小張說：「現在這個國家一切向錢看，為政者只顧自己，底層者麻木不仁，傳統喪失，道德淪喪，如果還不改變的話，所謂的盛世就是末路狂歡。」他甚至認為古代的驛道很好，在現代的高速公路，「只要上了車，就身不由己，沒有了過程，只有起點和終點。從人生的意義上來說，這是最大的喪失，就是喪失了整個過程。」

書的結尾是公路建成之後，民工離開了這裡，有人繼續去下一條公路打工，有人嘗試不同的事業但失敗了，只能不斷沿著各種公路，在中國崛起的燦爛背影下，四處尋找生活的希望，追求微小而脆弱的夢想，生活下去。

在故事最後，朋友發了張照片給張贊波，那是在他老家邵陽火車站的宣傳牌上的一段話：

「誰不加快發展誰就是邵陽歷史的千古罪人
誰不加快發展誰就是邵陽人民的不孝子孫
誰不加快發展誰就是邵陽今天的混世魔王」

這是中國的「野心時代」。

# 「尋路中國」背後的中國

前《紐約客》記者何偉（Peter Hessler）的著作《尋路中國》和《江城》是西方記者書寫中國的重要作品，但有趣的是，這兩本書在中國市場都是叫好又叫座的暢銷書。為什麼中國人會對一個外國記者眼中的中國如此感興趣呢？

何偉是抱持開放性的態度去理解他在中國的生活，不論是長江沿岸的縣城，或者長城周圍的小鎮、北京近郊的農村；當然，《尋路中國》比《江城》有更大的企圖，要透過當代的中國切片一窺三十年來中國的巨大轉型。這和中國知識份子很不同：後者（如許知遠的《祖國的陌生人》）往往帶著沉重的歷史包袱，不論是要去穿透當前中國崛起的虛妄與迷惘，或者是去追問：中國從哪裡來，要往何處去？——這幾乎是百年來中國知識份子都在尋找的大問題。

讀者們認為何偉準確、生動而帶著幽默寫下他們熟悉或者不熟悉的中國角落、中國人物；照何偉自己的說法，他的書在此刻的中國可以引起不小的回響，是因為「中國人對自已產生新的好奇心」。又或者，可能是中國的民眾現在更有自信，所以更可以接受外國人批評中國不好的一面。

《江城》中的何偉是在一九九七年前後經由美國和平志願團的安排，在四川涪陵的學校教書兩年。在那個時間點上，他班上只有一個異議者，他的朋友圈中只有一個「不愛國」的人；在香港九七回歸時，他看到他的學生的強烈激動與興奮。

那其實正是從九〇年代初開始的愛國主義巨浪的高潮前夕。一九九六年，《中國可以說不》的出版進一步刺激了反西方的民族主義；兩年後，美國轟炸中國的南斯拉夫大使館，反美／反西方聲音成為九〇年代主要的政治交響樂。然後是二〇〇一年，中國入世（加入世界貿易組織），成功申請到奧運，以更巨大身影崛起。

〇八年的抵制聖火事件，讓中國憤青們更激烈批評CNN、抵制家樂福。《中國可以說不》的作者群又出版《中國不高興》——可以看出前者語氣尚是低姿態的，後者則是霸氣凌人的。新書依然引起不少討論熱潮，但已經不像十年前。二〇一〇年，早期以自由派知識份子姿態出現的作家摩羅出版《中國站起來》，煽動文化民族主義，說「西方，就是掠奪、奴役、陰謀和反人類；中國，就是正義、自立、文明和公心。」「未來時代，將會由中國人從政治上統一全人類。」這是中國民族主義論述的高潮了。但大部分人卻高潮不起來，因為他們被生活所苦。

從九七年的何偉的江城生活到現在，無論是中國與世界的關係、中國人對世界的看法，或是中國人對世界如何看他們，都起了巨大變化。

例如，就在中國入世的二〇〇一年，美國發生了九一一，許多中國人卻雀躍叫好。但是在二〇一一年的九一一十週年紀念時，許多人卻在微博上公開反思，當時的幸災樂禍是不對的。

一如在《中國不高興》後一本反擊的書《中國誰在不高興》所說的，在這本代表中國表達「不高興」的書中，看不到下崗工人不高興，看不到失地農民不高興，看不到找不到工作的大學生不高興，看到的只是憤青們對中國沒能稱霸世界而不高興。「這是玩了一個焦點大挪移的把戲，把老百姓的實際利益打掉了，換上虛幻的沙文主義來談高興不高興」？

這似乎成為當前這個時刻的某種普遍心態。網路憤青依然愛國，但現在更常蔓延的憤怒是對政府的不滿、對體制的不信任，與對官二代和富二代的痛恨。尤其是二〇〇九年微博出現後，更多的資訊被流傳，更多的黑暗面被曝曬，雖然仍然有許多愚蠢荒誕的言論與主張，但另一種對抗的聲音也會隨之出現。人們越來越不容易被盲目的愛國主義矇騙。

所以人們想要在這個外國人眼中，去重新認識這個他們熟悉又困惑的中國。

（本文發表於二〇一二年）

# 中國的審查

中國小說家余華說：「今天的中國可以說是一個巨大差距的中國，我們彷彿置身在一個奇怪的劇院裡：同一個舞台上，半邊在演出喜劇，半邊在演出悲劇。」這個劇院更是濃霧瀰漫：在中國，真實與荒誕的交錯、華麗和黑暗的對立，前現代或後現代的混雜，都讓其成為多則難解之謎。因此，此前中國作家許知遠有一本書叫做《祖國的陌生人》，另一位中國記者楊猛則在最近出版了一本書《陌生的中國人》，兩個書名雖然主客體異位，但都表達了他們對於自己國家及其人民的陌生。

西方的中國觀察者當然更是不斷嘗試從各種角度描述與理解中國。《紐約書評》刊登一篇文章〈一個在中國的美國英雄〉，是由資深記者張彥（Ian Johnson）撰寫。這個英雄指的是《紐約客》記者何偉（Peter Hessler），他的兩本關於中國的著作《江城》和《尋路中國》在中國大為暢銷，超過五十萬冊，讓他成為一個名人，或者說最著名的書寫中國的西方作者。

張彥說，何偉的著作挑戰了過去外國媒體對於中國的報導方式，因為他主要是觀察與描述他所看到和遇到的中國人，而很少表示立場與意見；他也不會去報導重大的新聞，而是透過書寫一般的中國人，如長江沿岸的小鎮人們或者北京附近農村人們，來凸顯中國的巨大變遷。例如，何偉以《紐約客》記者身分住在中國時，劉曉波依然活躍在公共領域，但是他從來不寫他們。相對的，在他之後擔任《紐約客》駐中國記者的歐逸文（Evan Osnos），就寫了許多長篇報導關於艾未未、韓寒或陳光誠。

何偉對張彥說，在中國「政治沒那麼重要，尤其是當聚焦於那些挑戰國家的異議份子」；且這些異議份子對大的局勢也沒有這麼大影響。但這個說法是令人質疑的：因為這些異議者展現了中國公民的勇氣與道德，尤其所謂挑戰國家的異議份子雖然可能是不能見諸於媒體的體制外抗爭者，但也有許多是在公共領域積極發聲的維權律師或公共知識份子。這些人所能呈現的批判能量、對讀者的影響，是不能低估的，而他們被打壓的程度，更可以反映中國國家機器對社會控制的程度。所以，對一般人民的關注當然重要，但是何偉也低估了中國（有限的）公共領域中的行動者對中國的意義。

何偉的案例也引起一個重要的辯論：西方作者該如何面對中國的出版與言論審查？他們應該要接受審查而出版嗎？何偉的書因為少觸及敏感議題，所以可以出版中文（當然書中若干敏感處仍會遭到刪減，他的《甲骨文》一書則因為敏感處太多而未在中國出版）。但去年出版《野心時代》一書的作者歐逸文則在《紐約時報》投書說，他不願意出版被刪減的簡體版，因為那會讓中國讀者誤會外國作家是如何看待中國。對於這個問題，何偉後來設立了一個中文網站，把書中被刪減的部分列出來，並要求他的中國出版社在書的新版中提醒讀者這個網站。

二〇一二年五月底，出版何偉著作的中國出版社邀請我去上海和北京談何偉的《尋路中國》——或許是因為我們都是從外國人來觀察中國。但可能因為提到敏感話題，所以一個月後，我要再次進入中國時，被禁止入境了。

這是中國的審查制度。

# 不合作方式
## ——關於艾未未的若干關鍵字

### 1. 不合作

二〇〇〇年艾未未在上海和他人合作策劃了一個展覽名為「不合作方式」，這可以說為艾未未的態度下了最佳註腳。

他說：「我覺得任何類型的不合作，本身已經是一種身分的確立和態度的明確，因為至少知道你拒絕與什麼合作，這已經定義了你的生存價值的標準，這個是很清晰的，是沒有什麼可以懷疑的，它不僅是一個藝術的命題，也是一個哲學和倫理的命題。」

## 2. 藝術與政治

艾未未到底是把藝術政治化，或者把政治藝術化？前者指的是，他的「作品」（不論裝置、紀錄片、攝影）中的政治性，後者指的是他的反抗行動，包括他這幾年在大量運用網路作為溝通工具，彷彿一個龐大的藝術計畫。

在〇八年之前，他至多是一個異議的前衛藝術家。但二〇〇八年徹底改變了艾未未：奧運、楊佳、川震。他開始寫下對社會現實更尖銳的批評，開始用影像介入，開始更積極地用網路與世界溝通。（更準確的說，是二〇〇七年他在開始《童話》這個作品時，認識到網路交流的便捷性和有效性。）

自此他的藝術與政治已經無法分割。

## 3. 公民與草泥馬

也很難定義艾未未到底是一個古典的啟蒙主義者還是一個後現代的頑童。在他許許多多的文章與訪談中，他用最古典的語言去談自由、平等、正義；他的每一部紀錄片都是某個意義上的「公民調查」——要去尋找真相，追求政治責任；但他又常常使用各種諧擬、嘲諷的創意策略來挑釁並讓人們發噱。

前者是現代國家下的公民話語，後者是極權體制下草泥馬的反抗姿態；兩者都是質疑國家權力，但是公民身分意味著一套完整的公民權利，而在中國這當然不存在。所以艾未未說今天他們的公民身分是一個尚在證明的過程中，他們現在只是公民的前身：草泥馬。

因此，「艾未未們」是正在爭取成為公民的草泥馬。

## 4. 表達與可能性

艾未未曾提到藝術對他的意義有兩塊，一個是表達，一個是可能性。的確，因為對表達與溝通的關注，表達自由成為他的核心價值，且他不斷尋找各種表達的媒介，例如紀錄片或網路。他的第一篇博客只寫了十二個字：「表達需要理由，表達就是理由。」

因為對於可能性的重視，所以他說極權體制下不可能有公民——因為「每個人的可能性都被剝除了」。而他的工作就是不斷在這個體制下去把邊界推得更遠，去探索新的可能性。例如在《老媽蹄花》中，他們是要去證明在這黑暗卡夫卡式的官僚迷宮中，是否存在任何法治的可能性。

## 5. 個人與國家

艾未未說他和父親艾青的差異是，他的父親「是一個自始至終愛著他的國家和人民的人。而我是一個關心個人的權益和個人生存可能的人。」

對個人的關注幾乎是艾未未所有作品的前提；他對公民的定義是：「公民是一個社會中的個體不斷以個體身分質疑權力的人，如果一個人沒有質疑過權力，他根本不是一個公民，因為他沒有行使個體的權力。」

所以艾未未批評張藝謀的奧運開幕式是法西斯主義美學；所以他對楊佳這個孤僻少年近乎偏執地關注，因為楊佳的故事說明了一切這個瘋狂體制下個人的悲劇；所以他對川震死難學生進行公民調查，以為每一個逝去的年輕生命重建尊嚴（他在慕尼黑美術館外用數千個書包組合起大字：「她在這個世界上開心地生活過七年」，是我見過最動人的藝術作品）；他在川震週年時，號召推友每人念一個死難學生的名字，集合起一個作品叫做「念」。這都是要證明個人存在的價值。

## 6. 公眾參與

藝術家需要的是想像力，社會運動者需要的是動員群眾，而艾未未以獨特的方式結合了兩者：他屢屢激發人們的想像力，召喚公眾參與他的政治／藝術方案。

如紀念川震死難兒童的「念」；或者二〇〇九年十月一號前幾個月，他發起眾人「十月一號齊齊舉中指」的行動，大家把照片寄給他；或者二〇一〇年十月，當他的上海工作室要被拆除時，他在twitter上徵集工作室拆除方案，最佳方案可獲一萬元獎勵；當次月真要被拆除時，他計畫在工作室舉辦一場拆除河蟹宴，邀請大家來吃秋天的河蟹——最後來了將近一千人，但他自己卻不能去。

最驚人的一場公眾參與的政治／藝術行動是，因為北京市地稅局要發課公司補繳一五二二萬人民幣稅款與罰金，有三萬人借錢給他，成為他的債主。這三萬人的借錢意味著對一個「國家的敵人」的支持，因而是一場盛大的公民行動。同時，各種借錢的方式（紙鈔被摺成飛機丟進他家、匯款單的不同留言）又成為一場充滿創意的藝術行動。

當然，這兩者的結合之所以可能就在於艾未未對網路可能性的嘗試：「網路使個人真正獲得了解放，從舊的體系、傳統的信息控制中解放出來。信息的自由獲取和自由表達是今天的特徵，有了互聯網，人作為個人存在才真正開始了。」

在當代世界上，很少人像艾未未一樣如此巧妙地結合藝術、影像、科技和政治反抗，尤其是身處在一個當前世上最巨大的威權體制之中。我們有幸共同目睹了——並或多或少參與了——這場創造歷史的藝術／政治行動計畫，看著他／他們作為一個草泥馬或者公民，用網路開拓溝通的可能性，用紀錄片去探求被掩埋的真相，在那片腐臭的廢墟上重建個人的尊嚴與權利，並且，始終「不合作」。

（本文為二〇一二年台灣國際紀錄片雙年展艾未未專題所寫）

# 平等的藝術

在廈門一棟老舊樓房的五樓，我和廈門的年輕朋友們聆聽著羅大佑、胡德夫與林生祥的音樂，討論著台灣的民主化和社會運動。

外面下著陰暗的雨，房間內沒有空調而顯得悶熱黏稠，但年輕人們熱烈地提出許多問題，雖然他們背後的牆壁上是一個個面無表情的人像攝影作品。

這是廈門的一個新的展覽與講座空間，叫做「平等藝術中心」。成立者是一九八五年出生的王琦。

幾年前我在上海一家小書店看到　個來自廈門的雜誌《搜街》，乍看起來是一個生活與文藝的雜誌，編排和攝影都很好，但是和同性質的雜誌比起來卻有種不同的氣味——《搜街》似乎更為草根一些，關注的都是廈門的市民生活。

二〇一〇年在台北，我們正在我和朋友們搞的一個另類藝文空間「台北當代藝術中心」舉辦一場關於一位中國藝術家的座談，意外地見到了《搜街》的主編王琦。

沒有想到，王琦的台灣之行，尤其是參加我們的這場座談會，對他產生不小的衝擊。

王琦在廈門長大，在美麗的鼓浪嶼念大學。畢業後，在報導廈門城市生活、小資氣息濃厚的雜誌《搜街》工作。〇八年去了上海，轉去「高品味」的《生活》雜誌工作。而後，他說《生活》的精神是追求真善美，是比較精神方面的，他覺得和自己有所落差，且越來越不喜歡上海的環境，於是在二〇一〇年回到廈門，回到《搜街》。

但在經歷了上海的媒體經驗後，他要改變《搜街》的方向：在某期卷首語上，王琦寫下：「我們希望在商業需求改變著建築形態和城市肌理這些顯性傳統時，捕捉到移民文化衝擊與稀釋下這座城市現實的、動態的性格基因。」

那是兩年前所寫下的。今年（二〇一一年）五月，在潮溼的廈門碼頭旁的咖啡館，他和我說：「當很多雜誌都成為菁英文化讀本時，我們想要回到庶民和草根的街道。但我們並不是只是聚焦在城市的表面現象，因為當前中國城市面臨的本質問題都是一樣，如果只是報導城市生活，那麼廈門很快就被我們講光了。所以我們希望把問題拉回本質，這就有很多可以談，比如消費主義中的人際關係。搜街的 slogan，就是 guide to tomorrow of our cities。」

例如，他們做「市井美學」專題，去拍攝市場攤販擺攤的美學，因為覺得那裡有庶民的美學。他們也刻意做基層人民的採訪，做普通人的肖像，要讓庶民也能被拍得美美的上雜誌。

工人階級家庭出身的他也越來越意識到，他勞工階級的父輩沒有很強的權利意識要去改變自己的命運。但是，他看到許多媒體關心的都是月收入上萬人群的生活，而不是這些月收入幾千塊的勞工的生活。上海的許多媒體記者每天就是頻繁地參加公關活動，領車馬費——他在上海第一次參加記者會領到兩百元紅包時，緊張得不知所措，只想退回去。他略微激動地跟我說：「媒體到底在幹麼？」

慢慢地，《搜街》的關懷從對庶民與草根文化的關注，開始有越來越清楚的問題意識：社會平等。上述市井美學專題是他們「平等觀」系列的專題。他在卷首語寫下：「我們希望通過一系列美學意識、公共空間、社會關係的考察推進平等觀的傳播，同時也修正我們自身作為公共媒體的某種立場。而在編輯部內部，我也希望每一個編輯，無論對我，對其他部門同事、上層、廣告客戶或採訪對象，都保持不卑不亢的態度，我想這是我們相互尊重的前提。建立平等的個人意識，才能使我們對社會變革做出及時的反應。」

一如許多中國青年，在這兩年由於微博的出現，王琦開始更關心公共事務、越來越政治化，更思考他對廈門的探索如何可以是回應當下整個時代的病徵。

因此，雜誌之外，王琦開始想要建立一個實踐性的平台。去年初在台北參加了我們組織的那場活動後，讓他很興奮。因為一般講座都是一個人在講，但是那天台北座談會，台上台下激烈爭辯著：有人批評我們聲援的藝術家，有人斥責自己前來聆聽的台北市文化局長。他說：「那天的整個場域非常平等、多元。讓我發現一個藝術空間不應該只是給藝術菁英，而是應該開放給更廣泛大眾的參與。」所以他在廈門找了一個舊樓房，成立這個空間，希望在廈門組織更多的公共討論，並且讓藝術走入庶民生活，因此把這個地方取名為「平等藝術中心」。

從一樓走上去，樓梯牆壁上有幾句話：「誰說的無關緊要」、「說的無關緊要」、「無關緊要」。這是傅柯〈什麼是作者〉中的一句話。

「誰說的無關緊要」意思是他們關注的不是誰來講，而是講了什麼內容。韓寒上新浪微博發的第一條是一個字「喂」，然後迅速被轉發數千次，顯然這個社會是先問是誰在說話。「說的無關緊要」指的是他們在乎的是行動性，包括藝術活動，而不只是從嘴巴說。「無關緊要」是一般社會大眾對藝術的看法，但這正是他們要反轉的。

他也一針見血地指出當下文藝青年的問題。他說，現在文藝青年成為符號化，只是追求某種生活方式，如去咖啡館、談論博爾赫斯或者佛教，不像八〇年代的文藝青年非常理想主義，會關心更實質的政治與社會問題。他意識到，這一方面這是整個社會的限制，另方面可能也缺乏管道去了解現實性問題，所以這是平等藝術中心希望起到的作用，讓文藝青年們更回到地面上，去直面這個社會的矛盾。

然而，王琦並不夢想這個空間可以改變多少廈門的文化氛圍，他只希望可以影響一個社區——他們本來希望可以在傳統的第八市場成立這個空間，「我們不是要去談藝術理論，而是要去談阿公阿嬤真正關心的議題。因為他們的議題就是公眾議題，例如拆遷的議題，然後我們想讓不同人如文化人怎麼來看。這才是有意義的交流。」

廈門是一個閒散而舒服的城市，尤其是有豐富的庶民文化，讓王琦覺得相對於上海，這裡生活更為自在。但是，即使如此，他還是感覺到廈門有中國的普遍問題。例如他在台灣和朋友可以聊藝術聊了一整夜，尤其一個中年藝術家每個月只要幾千台幣就可以活下去；但在大陸，他的朋友大部分都在聊如何成功如何賺錢，讓他每天都懷疑自己的工作的意義在哪裡。

當然，我說，全世界的主流談話都是這個主題吧。不過，確實沒有一個機場的書店像中國如此毫不遮掩的播放那些愚蠢的成功學，並且即使台灣的主流價值仍是褊狹的成功學，對這種價值的反思也正越來越蔓延。

在這個仍然號稱社會主義的國家，人們以各種奇怪的方式致富：中國百萬富翁的平均年齡是三十九歲，比美國年輕十五歲。據估計，到了二〇一五年，中國會成為全世界奢侈品的最大市場——也難怪王琦說中國媒體都是為上層階級服務。

資本和利益成為不斷被擦亮的時代精神，尤其是和壟斷性政治勢力的緊密交織，更展現出貪婪而暴力的面孔。做為政治權力中心並讓個人微小化的天安門廣場和浦東閃爍的金融天際線都只盛世中國的象徵，而在廈門或其他中國城市，城市的統治者們都用力打造這兩者合體的山寨版，讓市民生活的空間、生存的權利迅速消逝。

這個廈門青年試圖選擇一條抵抗的道路：要打破藝術與媒體的菁英化，要找回草根市民的生活尊嚴，要追尋馬克思曾經許諾的平等之夢。

就從這個廈門老樓房中的平等藝術中心開始。

# 韓寒：活在真實中

二〇一〇年的中國，是屬於二十八歲的韓寒。

這一年，他被美國《時代雜誌》選為影響世界的一百人；而就在這本書出版的七月，他主編的文藝雜誌《獨唱團》第一期正在中國狂銷，幾天內就賣完第一批五十萬本。且與其他暢銷八〇作家主編的青春華美雜誌不同，這是一本人文色彩濃厚的文藝雜誌。

韓寒當然不是今年才火起來。去年（二〇〇九年），他就被許多雜誌選為風雲人物，稱他為「公民韓寒」。

其實他在十年前就紅了。那一年，他十八歲，出版首部長篇小說《三重門》熱賣，並於高中輟學，引發所謂的「韓寒現象」。而後，他成為中國的文壇叛逆少年、明星作家以及八〇後作家的代表，他長相俊美並且是職業賽車選手。《三重門》至今累計銷售兩百萬冊，後來持續出版的多部小說也都是排行榜第一名，包括二〇〇九年這本《他的國》。

韓寒多次發表引起巨大文壇爭論的言論。二〇〇六年，開始博客（部落格）寫作，評論社會各種現象，文章的點擊量常常過百萬。如今，韓寒主博客的累計訪問量已經超過四億，成為了中國點擊量最大的博客。現在，他成為中國最有影響力的公共意見領袖，一個敢於說真話的「公民」典範。

韓寒為什麼有這麼大影響力？

首先當然是他嬉笑怒罵與尖酸諷刺的語言，符合年輕人與網路世代的風格。然而，在這些戲謔語言背後的他並不是個虛無主義者，而是有一套基本價值：他質疑官方和主流媒體的謊言，他挑戰權威，並且同情悲憫底層人民。

例如他用鮮明的反諷說：「我真的願望政府可以忘記GDP的榮耀，讓出一個點，在開會的時候少說一點排比句，多分一杯羹給大家，讓他們少一點生活壓力，庇護他們，罩著他們，讓他們有點尊嚴。你要是把這樣好的人民給餓死了病死了窮死了逼死了毒死了吃死了氣死了冤死了喝水喝死了睡覺睡死了，你去哪裡找比他們更老實的人民呢。」

或者，「為什麼我們的政客能在世界的政治舞台上挺起了腰桿，還能來幾下政治博弈，要幾下政治手腕，是因為你們，每一個廉價勞動力，你們是中國的籌碼，GDP的人質。」

因此，他被許多人認為是「國王的新衣」中說真話的小孩。在這個被荒誕與虛偽支配的當代中國，他說出了人們心中的話。這些語言或許無甚高論，大都是常識。但常識，尤其是關於公民與國家之間關係的常識，正是穿破這些謊言的利劍。尤其當其他成名作家在享受體制給予的各種好處，而喪失了作家的批判角色時，韓寒年輕的筆顯得如此稀有。《獨唱團》更是他進一步集結眾人之力，進入公共領域，也因此讓官方緊張。

哈維爾說，在後極權體制下，無權力者的權力就是「活在真實中」（Living in Truth）。韓寒固然不是一個積極的反抗者，或者具有堅強道德勇氣的異議者，但他確實是實踐了作為無權力者的武器：在體制內說出真話，並讓更多年輕人知道「活在真實中」是可能的。

韓寒聰明可愛卻不犬儒幼稚，掌握商業力量卻不成為其奴隸，深知明星之道卻不被名利衝昏頭，批判政治卻懂得掌握邊界。這才是他掀起熱潮的原因。或者用他自己最誠實的話說：「我是說真話的既得利益者」。

對於《時代雜誌》選他為影響世界的百人，他放下了戲謔，以深沉的無力感說，自己並沒有影響力，因為「在中國，影響力往往就是權力，那些翻雲覆雨手，那些讓你死，讓你活，讓你不死不活的人，他們才是真正有影響力的人。」

「我們只是站在這個舞台上被燈光照著的小人物。但是這個劇場歸他們所有，他們可以隨時讓這個舞台落下帷幕，熄滅燈光，切斷電閘，關門放狗，最後狗過天晴，一切都無跡可尋。我只是希望這些人，真正的善待自己的影響力，而我們每一個舞台上的人，甚至能有當年建造這個劇場的人，爭取把四面的高牆和燈泡都慢慢拆除，當陽光灑進來的時候，那種光明，將再也沒有人能摁滅。」

韓寒或許太客氣了。相對於這個時代的腐朽苦澀，他青春無敵的誠實犀利，已經是灑進這座黑暗劇場的一道亮眼光線了。

（原文刊於二〇一〇年）

# 輯四——
# 對話

# 對話侯孝賢
## ——（台灣）電影的未來

**張鐵志（以下簡稱張）**：最近又有不少關於台灣新電影三十年的討論，你曾經說過，新電影是一個特定時代的產物，是那時候的壓抑氣氛形成了那個特定的形式與內容。跳到現在來看，這是一個數位時代，是不是也有屬於這個時代特定的電影美學？你怎麼看電影與時代的關係？

**侯孝賢（以下簡稱侯）**：二戰之後，從歐洲開始出現法國新浪潮、義大利新寫實、德國新電影，影響到亞洲，所以香港也有八〇年代的新浪潮，以及台灣的新電影，這彼此間有一個渲染。電影拍的方式跟以前不一樣是因為技術不一樣了，例如燈光或者底片的變革，幾乎是眼睛可以看到的，影片就可以拍到。這就是很大的變革。寫實風格因此開始。

一直到數位時代，又是一個載體的變革，然後又是一個全球化的衝擊。網路世代其實就是影像時代，網路時代既然來了，表現方式應該要改變，其實現在也有改變，但是沒那麼厲害。我們在二〇〇〇年在拍《千禧曼波》時，我本來想的是有一群女孩子在台北的狀態，網路可以像細胞一樣，追蹤每個人的狀態，把他們呈現在網路上，然後可以自己去連接、剪接，但後來發現我想得太天真了、太早了。

張：你看到這個網路世代的年輕創作者，他們對影像的想法，或是對電影的生產和流通的想法，跟以前有什麼不一樣？

侯：其實我剛開始跟這些年輕人接觸的時候，發現他們沒有想太多，因為他們還是受了以前的影響，在表達上沒有什麼改變。我就跟他們說，網路時代的意思就是你不用底片，各種拍法都有可能，例如用手機什麼都可以拍了，而且體積也越來越小，所以捕捉影像的方式應該要改變。

以前的拍攝方式是，例如當演員在家的劇情結束，要拍出門，我們會看他劇情是搭公車還是開車，事先定一條好的路線。現在就不必。現在只要找好家的定點，接下來在每個地方捕捉一部分就好了，而且因為可以連接，不必先安排好全部的路線。

張：所以你同意科技對於電影的創作來說是解放的力量嗎？尤其對年輕人、對獨立製作來說，科技讓一切變得更容易了。

侯：解放的力量是指形式或表達的方式變得多樣，或者變得更容易。雖然這不包括內容，但形式通常會改變內容。就像繪畫最早是工筆畫、肖像畫，是寫實的，後來變成法國的印象畫派，專注在陽光和客體之間的變化，捕捉光和顏色。所以每次當載體、技術或是觀念變化，就會帶動新的創作形式。網路也是，只是現在很多年輕人還在模仿以前的拍法。

我帶金馬學院的學生坐火車去花蓮、宜蘭勘景的時候，建議他們在火車上可以用小的器材拍攝。因為現在每個人都拿手機或小器材在拍，其他人被拍也不會有感覺。結果我看了影像覺得奇怪，問：「為什麼兩邊的人都在看你們？你們是用什麼機器在拍的？」原來講半天，他們還是扛了一台大的 Alisa 攝影機。因為他們很少機會碰到好機器，當有機會拍的時候，就容易想回到傳統的方式。

這就代表表達的能力沒有被訓練好，而且在學校的時候沒有人討論這件事。現在因為器材越來越普遍，數位相機拍的作品也越來越多，才逐漸產生變化，但其實早就該被天翻地覆的改變了。

張：所以你的意思是，天翻地覆的改變還沒有來到，還有很多新的表達形式可以再探索？

**侯：**現在新的一代對要拍什麼還沒有想法。其實他的身邊、家人、生活種種，都是可以拍攝的材料。但他們沒有想到，還是在編故事、找特殊的場景，或設定奇怪的光。他們沒有走向真正的現實，所以還看不見。

**張：**現在人們觀看電影的平台越來越多，有電視、電腦、手機，觀眾可能越來越不願意上戲院。所以好萊塢拍更多的超級英雄和怪獸把人吸引進電影院，在中國也是越來越多大片。你覺得對電影工作者來說，要怎麼把觀眾拉回戲院？

**侯：**家裡的小螢幕在聲光或是場面還是會有限制，但在大戲院就是要這種效果。所以大戲院會愈來愈厲害，像是 IMAX 現在到達的程度。以後大戲院一定是往那個方向走，會像一個表演場。

問題是，因為現在哪裡都可以看影片，所以有很多不同的表達形式。可能是專門在網路上看的，也可以是專門給電視播的，拍影片已經沒有什麼限制。但是當沒有了限制，自己就要很清楚拍的東西到底適不適合用手機看？如果要拍大的，就要在大型院線看。最適合手機的是什麼呢？漫畫。漫畫裡你還需要遠鏡頭跳中鏡頭嗎？不需要，因為你可以切割，可以用分解動作來拍，甚至可以是長條的。

當載體已經不同，就不能一成不變，只想模仿好萊塢。畢竟就算要模仿，特效的部分還是做不到。重點是你真的想要表達。就像文字一樣。文字的載體形式比較單純，因為不必去考慮形式上的問題，所以自然能往深處走，越走越深。

電影還是可以深入地做。你可以非常真實地記錄，或者不像紀錄片而是安排的記錄。你可以讓身邊的人可以變成角色，你再調整他們的關係，或是重新搭配，就能更細微的深入到現實生活裡。

**張**：網路時代的資訊快速流通，而侯孝賢電影給人的感覺是緩慢的，這是一個巨大的對比，你會擔心這個時代難以讓人好好的靜下來，看一本好書、好電影嗎？會覺得整個時代的氣氛因此越來越焦慮和急躁嗎？

**侯**：對，因為訊息太快了，人沒有辦法沉靜下來，就會被牽著鼻子走。其實最重要的就是你要怎麼深刻的思考。我所謂的思考是一種反射，就是在現實層面的現象，讓你看完之後會深刻地去想。我希望有人願意用影像去呈現這些，去提供一條路，導引人往這條思考的路上走。以前這都是文字做的事，但現在的人如果已經不習慣看文字，是不是影像方面也能有同樣的能力呢？我認為一定有的，就看怎麼做。

**張：**以《刺客聶隱娘》來說，聶隱娘的故事本來更奇幻，但你採取寫實的拍法。這是因為客觀上技術的限制，還是你主觀的意願？

**侯：**當然科技是會有限制，但主要不是因為科技，而是因為範圍的限制。這個限制對創作者來說很重要。唐朝是什麼？你不能漫無天際，要有明確的事實。《刺客聶隱娘》的內容都有明確的年代和事件，一條一條組織起來。例如田季安的父親田緒什麼時候死？怎麼死？他死的狀態只有一條短短的描述，就是「手握刀，臉呈驚怖狀，暴斃」。嘉誠公主嫁來，《新唐書》上有寫，她嫌翟車破敝，改乘金根車。翟車是公主坐的，金根車是皇后坐的，從這裡就可以看得出她的個性。

這些都是發生在魏博的故事，當你有個範圍之後，就能把這些事件結構起來。我還是以寫實為主，畢竟沒範圍的話，究竟要到哪裡去呢？

**張：**回到台灣的電影，八〇年代台灣的時代背景讓台灣新電影的風格在世界電影史上有一席之地。可是從九〇年代以降，好像很難再定義所謂台灣電影有什麼獨特的風格，頂多是比較個人性的。未來台灣電影有機會找到自己獨特的風格嗎？

侯：在表達上，台灣電影其實可以擺脫好萊塢那種很戲劇性方式，回到寫實和純粹的影像。如果要追求寫實跟影像，因為現在的燈光和攝影技術，在過程中隨時隨地都可以安排和捕捉影像，寫實性就會非常強，就能深入去探索或表達。但這樣一來，相對的娛樂性就會低。但娛樂性有好萊塢在引領風騷，你也不可能在娛樂性取代它。坦白講，也做不過好萊塢啦！

我覺得這是多樣選擇中的某一部分，娛樂之外，也會有人很深沉的去拍一些奇奇怪怪的東西。就像文學，通俗文學是最賣的，但真正的文學不會沒人看，更可以不停地翻看。還是會有不同的人在做不同的事。

**張**：關於台灣電影的未來，你在《光陰的故事：台灣新電影》紀錄片裡曾提到，台灣電影的未來要思考在華人世界中的位置，而你給的答案是，應該要思考我們的邊緣性。能請你再深入的闡述，要如何從邊緣出發，去創造台灣電影的未來？

**侯**：如果你在中心，就會不自覺的有中心的思考模式；如果你在邊緣，也不必模仿中心，可以思考邊緣的角度。邊緣的角度跟中心絕對不一樣，所以你可以先想好角度，再去拍要表達的東西。其實從以前到現在都一樣，不是因為難不難，而是因為現在大家還是嚮往著大電影、大賣座，要考慮回收上的問題。

像《刺客聶隱娘》用四十四萬呎的底片拍攝，是為了我對顏色的想法。我沒辦法忍受物理的，而喜歡像底片一樣，光影色彩是化學的呈現。但是這遲早要改變，所以接下來我可能就會去試驗數位。數位可以加各種濾鏡，用不同的方式去看、去調節，看怎麼做能夠通過自己。因為題材內容的不同，也可以有不同的調性。

就像我好想拍台北。好奇怪，台北為什麼每天一堆人在街上拍攝呢？現在攝影機到處都是！以前如果要拍演員搭公車，要先借公車，安排所有的親戚去當乘客。現在不需要，只要拿個小相機拍，根本沒人會管。像前面說的，用很自然的拍法。但這樣子就是寫實或真實嗎？其實不是。這其實是為了方便於演員的表演，找到盡量讓他不會受到干擾的拍攝方法。就像演員自己的日常生活一樣，一旦習慣了，就會有他的生態和狀態。應該用最方便的方式，讓演員進入最好的狀態，而不是在那邊打好光，等著試戲排練。生活基本上是不需要排練的，只是剪裁的問題而已。

**張：**很多人焦慮台灣國片的復興，而台灣電影現在跟中國大陸的電影是又競爭又合作，你怎麼看這個問題？

侯：沒有啦，其實現在憂慮的是商業行為。但商業行為是從全球化就開始的，很早有了。碰到全球化，只要是有特色、在地的、不同的東西，反而存在得更堅實，會有人欣賞。如果是短的好笑的東西，大家都能夠理解和欣賞。但如果是電影，基本上還是逃離不了過去看過的所有電影的影響，但現在表達範圍比以前更廣，有有市場的電影，也有奇奇怪怪的電影，加上網路世代的媒體傳播速度又不一樣。真的有趣的東西很快就會傳出去，但比較深的東西，只要拍得好的話，也是一樣。

然而純粹影像表達的東西反而會弱。就像《刺客聶隱娘》，因為是純粹從影像的飽滿度去表達的，這在小螢幕看跟在大銀幕看就有差別，跟用劇情情緒去表達的影片不一樣。

張：你剛說在全球化影響下，有在地特色的還是可以被突出。那台灣的電影的特色是什麼？什麼是我們在地的思想資源？

侯：我們生活在這裡，可能自己不覺得，但其實只要去國外就會發現台灣不一樣啊！台灣本來就是一個小島，後來裝了一個大政府，帶來大國族、大國家的概念。但如果到現在還是這樣，其實蠻荒謬的。

台灣還沒有尋找到自身，還沒有回到純粹以人為主，探討生活型態或價值觀念的路。

那條路是在抵抗全球化的過程中，或是在「存在」的過程中長成的。電影應該也是這樣。全球化的時候大家都擔心，覺得大者恆大，最後沒想到是網路更大、更厲害。尤其是不同的載體出來以後，都變了。流通量這麼多的時候，就要特立獨行。表達的方式解放到一定程度，慢慢就會開始沉澱，深的東西也就會出現。

**張**：你自己常上網嗎？

**侯**：沒有。從一開始我就沒碰，我完全不會。

**張**：你不覺得好奇？

**侯**：也不是。如果有什麼，其他人會拿給我看！這樣反而很清楚。只要你有網路，有很多短的、聳動的或笑話式的東西會來。我還是用傳統的老手機。他們會給我看一些東西，有些其實說真的蠻好笑的。

**許文貞**：侯導自己有看過「台灣吧」幫《刺客聶隱娘》宣傳的短片《三分半鐘看不懂刺客聶隱娘》嗎？

侯：沒有耶。我有聽說但是沒看，就算看了也不一定記得。其實我們在拍完之後，因為怕別人看不懂，所以希望大家事先都能知道故事劇情，再去感受影像。畢竟唐朝時代間隔太遠，我拍得又這麼節制，一般人比較難理解。但其實知道故事就不怕了，看了就會懂，因為我影像是好的，看第二遍會看到更多不同的東西。

雖然我們看影像也很久了，但現在是透過這麼快的訊息，以前是文字，現在是影像，方式會更不一樣。也可能就像漫畫式的，幾格大家就翻了。

我現在其實就是隨心所欲，感覺怎麼拍就怎麼拍。本來因為銀幕上放映的時候有各種光影之類的限制，現在也沒有了。

張：所以侯導感到現在可以更隨心所欲地去創作？

侯：有些還是不會改變的，因為要通過自己，因為還是在拍人。沒辦法，現在都已經到這個年紀，做這麼久了，那是必然的。

（許文貞協助整理）

（本文原刊登於〈數位時代〉，二〇一五年九月號）

# 對話林懷民

## ——雲門舞集與台灣四十年

雲門舞集是華人世界最卓越的現代舞團，創辦人林懷民也被視為當代世界最優秀的編舞家之一。

但林懷民和雲門之所以可以成為時代的標記，不只在於藝術成就，更在於他們四十年來不斷和時代對話，掌握台灣不同歷史階段的集體情緒，或者批判、或者反思、或者沉澱，並且，他們始終扎根於這個土地上。

一九七三年創辦的雲門，宗旨就是要跳出這個土地上自己的舞蹈，並且為這個土地的人跳舞。四十年來，他們從來沒有背離這個理想，而且林懷民說，如果不辦戶外演出，他就會洩了氣。因為，台灣的觀眾是雲門力量的來源。

就在這個四十週年，雲門推出了新作品《稻禾》，這既是回應台灣當前重要社會議題——對土地、對農業、對環境的反思，也是實踐他們四十年前的許諾：從土地出發，在土地上跳舞。

問：七〇年代是台灣從黑暗到黎明的年代，許多事情，從文化運動到政治反對運動都在那個年代開始。一九七三年成立的雲門舞集當然也是那個時代的產物。你怎麼看七〇年代？

答：七〇年代世代跟以往的世代不一樣。以白先勇為例，他的家在大陸，台灣是一個他們來了就要走的地方；而我的叔叔那輩在青春期的年代就是二二八、白色恐怖，所以大學畢業都積極要走。但我們這代，包括（黃）春明，是光復後的小孩，這是我們自己的地方。

七〇年代初，經濟成長到一個狀態，台灣退出聯合國，又有釣魚島事件。我七二年回來，七三年創辦雲門。除了政治、經濟，整個七〇年代的文化勃發，跟美新處有關。它在冷戰期間作為一個前哨站，提供大量的美國文化。在嚴峻的戒嚴時代，那些美國文學、美術、藝術，滋養了大家，讓大家就對外面的世界有一種認識與嚮往。到了七〇年代，我們這一代反省過來，要自己的東西，不能跟西方走。

雲門的成長跟台灣的中產階級是並行的，也跟台灣的企業界並行。最明顯的例子就是七九年我們去美國，八一年去歐洲，我們在飛機場、飛機上遇到台商。那時大家都穿的是藏青色的褲子、藏青色的領帶，千篇一律地帶著〇〇七的皮箱。他們上了飛機安頓好之後，就把皮箱打開，是一堆訂單規格之類的紙片，開始查字典，英文一個字一個字地查。有時我們在轉機機場遇到，聊完之後各自要上飛機，台商可能是要去瑞士，但是沒有簽證，準備直接闖。

你也不能否認，林語堂、錢穆、臺靜農他們所帶過來的中原文化在台灣沉澱。對我來說影響更大的是俞大綱先生。當時這些老先生都還在，我們可以接觸到這整個體系，更直接的是他們的風範、身教。另外，像春明在鄉下長大，也把農村東西帶了出來，城市跟鄉下，中原與本土開始有了匯聚。

台灣最漂亮的年輕人是在七〇年代尾出現，開始有一點點小錢，之前（編註：六〇年代後半）我們是卡其褲跟白襯衫在大學過四年，你出去打飯吃，下課後去小店買一根菸，那是我們的大學時代的小奢侈。到七〇年代尾的時候他們可以自己買一點衣服，用自己的方式打扮，人很乾淨很漂亮，有精神。今天是大家都穿得很漂亮，但是記不起哪一個人的臉，只記得髮型、衣著，那些偶像我統統分不清，他們統統都長得一樣。

**問：雲門一開始口號就是要為中國人跳舞，有一種很強的民族主義情懷，但我想你此**

前並沒有這麼強烈的東西，跳舞更多是個人的。這是受到保釣運動的影響吧？

答：簡單地講，我的庭訓，我家裡的教育給我幾樣東西。我父親是東京帝大畢業，母親是東京家政學院，他們從小耳提面命幾件事：一個是長子長孫的大家庭責任，一個是他們嚮往那種英國菁英的為社會服務的文化，再來就是最可怕的：事情做得不好就切腹。我小時候，爸爸是縣長，外面路燈下面有小孩每天在苦讀，我父親就會說，這種人就是你將來要照顧的。我一直想逃離他的這種擔當大責任的庭訓。到了美國之後我開始有了改變。作為外國人，在美國，還有保釣跟聯合國這兩個事情，你就會覺得自己該做什麼，做什麼都好，要對社會有貢獻。在國外圖書館開始讀台灣的禁書，那些三〇年代的書，也在人民畫報讀到赤腳醫生的故事。雖然知道那是宣傳，但還是很震動，而且那個赤腳醫生跟甘迺迪的和平工作團，在我的想像中是差不多的。

其實，很多事是命裡注定。我回台灣第二天就有人撞上門來，他們到底是怎麼知道我回國，又如何找上我，我到現在都還沒有弄清楚。許博允、李泰祥、三毛這些人，還有陳學同，一個跳舞的男孩子，他讓他的系主任來找我去教跳舞。學生想演出。我說，好，台灣應該有自己的舞團。是這樣開始的。那個時候如果有別人來找我，邀我去做環保、禁菸這類的事，我可能就去做這些事情了。

**問：你也在小說中寫過六〇年代整個台灣都是苦悶期，但剛好你處在一個時代轉換的門檻，六〇年代末去美國，一九七二年回到台灣，幾年之間台灣已經發生很多變化。你有感覺社會氣氛改變很大嗎？**

答：我不大分析，是跟著感覺走的人。我沒想什麼，只是有話就說，不曉得聯合國和釣魚台之後，「到底我們是誰」變成了一個很重要很重要的問題，所以會有這樣一個講法，就是「做自己的舞，跳給自己的人看」。

**問：這個口號跟民歌運動中「唱自己的歌」是非常呼應的。**

答：對，那個時代是去尋找自己，從尋找自己中來肯定自己、給自己打氣。後來我回想，「跳中國人的舞、給中國人看」根本就是一個喊給自己聽的口號。

**問：七〇年代大家都往民間去尋找文化資源。這對你一個嘉義小孩是很自然的事嗎？**

答：我回國的第二個禮拜，就去環島一週，因為我們這一代人，除了故鄉跟念書的台北，沒有去過台灣哪裡，除非你參加救國團。我因為父親的關係，去過很多地方的，很小的時候就大江南北地這樣跑。但在國外時，想起台灣是非常模糊的，所以我就背起背包，又去走了一趟。雲門的第二年我們就去嘉義採集八家將，第三年邀請排灣族來台北演出。我是被這些東西感動，而不是教條式的一個想法。你一方面想認識自己，另一方面也是做這個事情。另方面我們還呈現郭小莊、李環春的京劇……

**問：中國的傳統文化跟台灣民間文化兩者對你來說都是非常自然的。**

答：從來就不是外來的。我不曉得什麼叫中國文化，它就在這裡，就是我們的，我沒有那些意識形態來區分這些東西。退一萬步來說，歐美文化都在吸收，那大陸這些古代的東西不可能不要吧。

不過，那個時候國民黨強勢啊，它整個文化的代表就是張大千、黃君璧、京劇、故宮。相對的，要籌備《薪傳》時，街上都買不到關於台灣的書，唯一可以找到林衡道寫的《台灣歷史百講》，但是那是給小孩讀的。

問：可以談談《薪傳》的起源和籌備嗎？一九七八年十二月十六日首演和美國與台灣斷交正好是同一天，這幾乎是現實和文化創作的神祕交會。但《薪傳》其實也是某種七〇年中開始重新挖掘戰前台灣史的產物嗎？

答：剛剛說到找資料，其實我的作品都不是找資料出來的，也不是觀念來引導的，是生活裡面進來的。你要知道《薪傳》對我來說是很自然的事情，因為我的故鄉嘉義縣新港，就是原來的「笨港」，我們在農村，從家裡跑五分鐘出來就能看到嘉南平原。為什麼叫《薪傳》，是因為小時候寫小說的時候覺得要寫家族史，跳舞了之後就發覺這個事情不是用文字可以講的，所以就會想做《薪傳》。

它的蘊意也有時代的背景。七八年我在紐約，每天醒來就去買《紐約時報》，看美國跟大陸有什麼來往，這個事情會讓你思考你以前不思考的問題，回來台灣就很自然地做《薪傳》。舞蹈是頭腦簡單的，它沒有那麼多辯證。

這個題目是張繼高先生給的，他當時問我這個作品叫什麼，我說可能叫「火把」什麼的吧，他說應該叫「薪傳」，讓我給一塊錢當作是copyright。從此「薪傳」進入我們的everyday language。

問：八〇年代台灣是一個衝撞的年代，開始有各種社會運動，雲門也有很多作品反映時代的變化如《春之祭禮 台北一九八四》、《我的鄉愁我的歌》，你怎麼感受八〇年代的劇烈變動？

答：是的，當時所有的社會運動都在開始，但我從來沒有直接參加。我記得鄉土文學最大規模的論戰是在聯合報的一場聚會，有人就說大家都來了林懷民怎麼沒有來，但我根本就不知道有這件事。因為雲門的事不斷把我捲進去，尤其那個時候我在做《薪傳》。我一直做我的事情，從來對運動沒有興趣，保釣運動之後我特別沒有興趣，因為當時在海外有很多串聯和遊行，我也參加了，遊行的結果我知道兩件事，第一是怎麼吵吵鬧鬧都是無效的，第二個就是與其這樣我寧可去做一點可以累積的事情。

如果雲門有什麼宗旨，就是這兩個字：「累積」。在八〇年代，雲門就是在做自己的努力，找自己的路。

問：以《春之祭禮》來說，八三、八四年正好是新的都市化生活開始浮現，如第一家麥當勞出現，羅大佑唱起〈鹿港小鎮〉、〈未來的主人翁〉，他們似乎在感嘆這個社會有些純樸的東西消失了。你有感受到這種變化嗎？

答：《春之祭禮》是有一天我走新生高架橋，我沒有從那樣的高度看台北市，突然看到很多高樓大廈，而且天空是灰的，交通是擁擠的，就衝擊很大。

另外有一天我從雲門的辦公室裡走出來，發現一夜之間好像台北的街已經變了，它叫做「金咖啡」，「金石堂」，金金金金金……股票在飆，當年穿著藏青褲的那些人開始穿起名牌了。當初好像大家在一起，但是我覺得落單了，好像整個社會都不往那個方向走。社會的事情我是關心的，但是你插不進去。雲門到那時已經十幾年了，我也開始在嚷嚷要重視藝術文化，但是官員沒有人在管這個事情。我有一大批學生畢業，你必須要想這些事情，但是覺得完全落單。

八〇年代基本上我是在一個很大的漩渦裡，一個是雲門已經在同時出國和下鄉，另一個我在八三年創辦了今天的台北藝術大學舞蹈系，做了五年的系主任。另外我們在一九八〇到一九八二年做「藝術與生活」，三年內做了超過兩百場活動，都是免費的，你地方上出多少錢我就有什麼節目。這些事情把我捲得太深。

**問：至於《我的鄉愁我的歌》，怎麼會有這個想法？**

答：我在這之前，八三年，我一個人在實踐堂做了一個獨舞，那個時候就用了一個洪榮宏的《我是男子漢》。

對我來說很有趣的一個事情就是日本的東西、台灣的東西、大陸的東西、美國的東西統統在我家裡。我很小的時候拿到的第一本書是《彼得潘》，因為我的叔叔在哈佛讀書就會寄回來，然後爸媽從歐洲帶回來的電影、古典音樂、印象派這些東西，跟台語的東西混在一起，我就開始想用這些東西編一些什麼東西。

我也知道鳳飛飛對加工廠女工的影響，後來（人類學家）胡台麗跟我說有一個遠方的姪子，唱歌很有味道，我們請他來家裡喝茶，他就是蔡振南。他到了錄音室彆扭死了，不肯唱，我說我們就喜歡你單唱的那個東西，而不要被樂隊蓋過，苦勸他，然後他就開始唱。

我一直在想，美空雲雀、Bob Dylan 都上得了檯面，台語歌不行嗎？一九九一年雲門復出的時候，我們跳了《我的鄉愁，我的歌》，請蔡振南、文夏、陳達儒這些台語歌曲的藝術家們上國家劇院謝幕。在我心中他們是非常重要的藝術家，是偉大的，他們所安慰和鼓舞的人，那絕對不是雲門比得上的。

問：雲門復出的時候剛好又是一個新時代，進入了九〇年代：李登輝上台，本土化變成新的時代精神，民主方向也基本確定了，商業上更加消費主義了。老師那時候的作品跟這個時代有關係嗎？

答：在雲門停掉的前一年，一九八七年，新港文教基金會成立，那是我跟他們說要成立這個東西，就把錢捐出來，這完全是一個巧合，但也是一個歷史的象徵：新的社區運動正好在解嚴那年開始。解嚴之後，民間開始自己決定自己要做什麼。現在你開著車在嘉南平原跑一圈四十多分鐘，有十多個草根性的文教基金會。

一九九七年的《家族合唱》基本上是解決我個人問題，其實我的作品基本上都是解決我個人問題。因為我的堂叔在二二八的時候不見了，家裡還有那個黑洞，我們小孩子也感受到這個陰影。半夜在縣長公館裡頭，十一二點後大家開始小聲的說話，講二二八，講什麼什麼人也「進去」了。女人會說「不要再講了」（台語），然後男人就會生氣地說「有什麼好怕」（台語）。我們小孩子就常常聽到這些，充滿不安的好奇。解嚴後很多關於二二八、白色恐怖的材料出來，我都很積極在看。

**問：解嚴對藝術創作衝擊大嗎？是不是會把新的可能性被解放出來？**

答：按理說，我不是二二八白色恐怖的直接受害者。我想講一個小故事。雲門在九〇年代初復出後，有一天我從北藝大出來坐計程車，聽到收音機時我開始大哭，因為收音機在教英文，說「來（台語）就是come，去（台語）就是go」，我從來沒想過原來台語是可以做英語教學，我就在車子裡，開始哭，原來身體裡是藏著委屈的。我父母親都是學最好的日文，光復後才學國語。我母親晚年病了，我跟她一起看電視，她說「他們在說什麼」（台語），我說「媽媽，這是電視新聞」，她忽然很安靜地說，那麼多年來，我只聽得懂三分之一，那一刻我完全瓦解。我才知道為什麼她出去應酬的時候她要微笑，講短句，幾乎不講話，我以為那是日本規矩，不是，是她聽不懂，可是她也沒有讓我們覺得她聽不懂。

她有時候用中文給我們寫信，我們會笑她，就說她寫得很好，她就笑。三十多年了。那天哭得我自己都嚇一跳，我都不知道我會哭，可是這是很直接很本能的一個反應。那你說台語好像就是去買醬油用的，這個不是一個語言問題，是一個尊嚴問題。

大家都覺得我的父親是高官，我是高幹子弟，但是對不起，是台籍高幹子弟，那就是另外一個故事。台籍高幹子弟講的很簡單就是擔驚受怕，那種擔驚受怕跟黨外的擔驚受怕當然是不一樣的。

我並不是思考得這麼清楚去做《家族合唱》，只是覺得有個東西呼喊著要被表達。那時候只要是與二二八有關的書都想看，即使只有幾個字也要看，那個東西就慢慢積累。我不是很政治性地在做這個東西，當社會給我看什麼，我是會對它有一個反應的。

**問：你提到，七、八〇年代，你沒有積極參與運動，但你的作品還是往往可以精準地**

反映社會情緒。很厲害！

答：我從來不是故意的，但你別忘了我是新聞系畢業（笑）。其實不必新聞系，我們家裡從小都是報紙，我的文學和政治的啟蒙教育就是《自由中國》，從初中時就每一期都看，看聶華苓的小說，看雷震要說什麼話，似懂非懂。

在台灣做個藝術家是扭曲的，它有很多環境上的不足。龍應台今年有個新制度，讓我們得到了比較多錢，在今年之前我們從文建會的扶持團隊，我們也拿了二十年的錢，只占我們收入的7％。

在台灣做藝術家很辛苦，但是有一個東西是其他國家很少有的，就是它千變萬化，幾年就是一個新的變化，你要重新認識很多東西，你必須重新擺放自己的位置，因為總是有很多新的資訊進來，你的想法就改變了。七〇年代退出聯合國、八〇年代解嚴、九〇年代出現消費主義，還有兩岸關係的改變，讓你頭腦不斷地滾來滾去，這些東西不能讓你很舒服地在那裡。但比如我去了德國，整個體制都已經建立得很完整了。

現在年輕人在台灣跳舞做表演藝術，難。七〇年代相對容易，因為它有大的空間，它什麼都沒有。不過，整體來說，台灣就有一個野蠻的空間，到今天都還有。

問：談到雲門四十週年要推出的新作品《稻禾》。我覺得這精準地掌握到台灣當前的社會矛盾：土地正義。尤其這幾年一方面出現許多政治和商業利益對農地、對原住民傳統領域的侵犯，另方面整個社會也出現對於農業、環境和土地的重新反思。是什麼時候有想法要做這個的？

答：是兩年前。因為柯文昌先生成立「台灣好基金會」，認養了台東池上鄉。我就去看，走在路上你整個身體的細胞完全不一樣，覺得這個美。我做《家族合唱》的動機之一是一九九四年新港做了百年照片展，那是我第一次看到台灣庶民的照片被有系統地展現，就想應該如何展現。同樣到了池上，我就想說國家劇院天大地大，為什麼不呈現這裡的美呢？

問：所以你做《稻禾》不是為了回應剛剛的那些社會問題，只是覺得它美，想把它呈現出來？

答：對，但當然你剛才說的那些事情其實都有，比如我一直有對美麗灣問題的關心，我始終擔心台灣會在土石流裡面慢慢溶解掉。作為一個小市民，這個事情我 aware（知道），甚至變成我的一個負擔。這幾年我的一個不開心，就是樂生孩子找我去，我也去過，後來我常常出國，以至於他們每次找我去，我都沒有辦法去，I feel so bad，這就變成了我的一個壓力。他們沒有給我壓力，但是對我來說是很大的壓力。

**問：很多社會議題都會找你幫忙，希望你可以出來，但是能做的事情有限。**

答：不止如此，每次我一去，名字就會是媒體上第一個，但是對這個事情未必有幫助。是，沒有錯，《稻禾》裡面承載了我非常多的 frustration（沮喪）。

池上給我最大的震撼除了風景的美跟地方秩序，我們去拍這個地方拍了兩年，就是看它的稻子怎麼從翻土灌水到收割，我們找到一個地方請大家來喝茶，有好幾個地主都是稻米達人，那個村長就很驕傲地跟我們說，「林老師我們沒有電線杆」，他們去跟台電抗爭說電線杆不要放在這裡。我們那個田的主人他家客廳有一個米勒的〈拾穗〉，你就會覺得這很切題，你轉身過來跟那個門一樣高的是梵谷的〈星空下的咖啡廳〉，他太太寫書法。更有趣的是教我們割稻的那個張先生口才好得不得了，我就跟他說你應該當池上第一名的導遊，他說他以前很害羞，他太太就說，「我們這是好山好水，但他很無聊，我都要跟他離婚了」。於是他就跑到台北去上卡內基，上了幾個月他自己就開放了。

我想說的這些就是台灣的基層。但我沒有 aware 到台灣的基層，有人已經變成這樣了，這個對我來說一個很大的慚愧，因為我們的資源比它多，我們的掌聲比他們多，他們可以在烈日下這麼安安靜靜地工作，然後be proud of themselves（以他們自己為樂），你跟每一個人說話都充滿了自信。但是在城市不是的。所以這個事情給我一個很大的震撼。

**問：現在大家都覺得政治很糟糕，政治已經崩壞了，但是民間的力量卻越來越強大，彷彿是兩個台灣。**

答：基本上我對台灣的整個發展是非常感動的，一個民主的過程可以這麼迅速。雖然大家都覺得太糟糕太慢了，可是你跟美國比，二十年可以搞到這樣，非常的了不起。各地的民主都從不斷的錯誤和反省中來，我是一個坐計程車和坐捷運的人，你單單是從八〇年代的計程車司機、九〇年代的計程車司機，到現在的計程車司機，你就感覺到驕傲。他們不止是polite（有禮貌），是knowledgeable（有知識）。

**問：雲門從一九七七年在戶外免費公演，一九八〇年去高雄美濃開始，不斷走入台灣各社區、走到鄉村，過去十幾年，每年舉辦大型免費戶外公演。許多中國和外國朋友對這件事深感不可思議，因為不會有一個最著名的藝術團體跟土地走這麼近。**

答：這個事情是雲門創辦的初心。我作為一個編舞的人，是廣大的普羅大眾把我鍛鍊起來的。理由是，全天下沒有不好的觀眾，只有不好的演出，到了戶外的這樣的場合，你不好看的時候小孩就會起來鬧，大人就會跟著他走跟著他跑，你要讓他目不轉睛兩個小時很不容易。雲門的秩序井然不是靠義工就這樣完成了的，他必須這樣一直看一直看，下雨他們不走的，這個對我們來說很感動。在雲門很艱苦的時候，他們給了我最大的鼓勵。幾萬幾萬的人在那邊看，嚇死人，you don't let them down（你不能讓他們失望）。

但我們想做這個事情，可是沒有資源是不可能的，雲門早期的戶外演出我就不講了，給我三萬塊我就去了，國泰的蔡宏圖從一九九六年，十八年來支持雲門，沒有一年斷過。十八年，是一個 commitment（承諾），而不是一個行銷廣告的策略。所以，雲門的生存是台灣的企業社會來支持這個事情。

香港一直有這樣的風氣，因為香港對於藝術的贊助是從英國殖民時期的上流社會來的。台灣不是，台灣是第一代的企業家經過我們剛才講過的那些時代，起初不會有這些想法，但他們也關心台灣。雲門活下來，是企業界很大的參與，老百姓的捐助雖然比較小額，但也在進來。沒有這些社會的支持，雲門都是活不下去的。

最近我很感動的事情是我們在淡水蓋新的總部園區，我們要種一百九十二棵樹，所以就去買樹。

在樹林子裡面，忽然間一位戴著斗笠的農人遠遠站起啦：「啊林老師你怎麼會到這裡來！」開心得不得了，夫婦倆就要過來跟我拍照，說他們當年談戀愛時，看了《渡海》、《白蛇傳》。

我想，我和李安、馬友友是不一樣的。他們都在西方的專業環境工作，我們在台灣。我也有很多機會去國外編舞或者領導舞團，很多人問我為什麼不去，我想，離開台灣，我會連編舞的動機都沒有了。在台灣，如果沒有給這些普羅觀眾看的戶外公演，我也會立刻洩了氣了。西方舞評家看到雲門戶外演出的場面，都嚇了一大跳，說這種場面只有rock and roll會有，再偉大的芭蕾舞明星來演，頂多幾千吧。而台灣除了競選跟拜拜，沒有這麼多人可以大家在一起、肩靠肩在一起。中場休息時，有人要上廁所，鄰座的人就會說，我幫你看包包。下雨的時候，我們說延期，明天再來。觀眾不肯走。現在一下雨，義工開始派雨衣，觀眾幫著發，十五分鐘後，全場幾萬人一片黃色。很動人的景觀。這些觀眾是我們走下去的動力。

問：你覺得四十年前的那個少年林懷民會如何想像今天的雲門？

答：作夢也想不到會搞成這樣。當年，想的是到校園、社區演出而已，絕對沒想到紐約、倫敦、莫斯科。我覺得這一路都是加法，都遠超過我的想像。我們一直以來的核心就是做好的東西給大家看。如今，我努力的方向是傳承。二〇〇八年，火災燒掉我們工作十六年的排練場。我們跟政府租得一個淡水的幾頃地，蓋雲門新總部。六十幾歲募款，蓋房子，對我個人來說是一個很大的 disaster（災難）。可是如果四十年過去，台灣仍然只有一個職業舞團，大環境的改善實在有限。雲門是社會能量辛苦累積出來的。我希望能把這能量護住，再延展，所以我們跟新北市簽了四十年的約，希望永續。我的舞傳不下去無所謂，新世代的藝術家自然會用新的聲音跟新時代的觀眾對話。

不管時代如何改變，人民對優質文化的渴求是不會改變的。雲門應該繼續為社會提供這樣一個空間。我現在所做的都是為這個可能性奮鬥。辛苦？每個行業都辛苦。我很幸運，可以走到今天，一直做年輕時想做的事。求魚得魚，我覺得很幸福。

（本文原刊登於香港《號外》雜誌，二〇一三年十一月號）

# 對話賈樟柯

## ——你獨立了嗎？

中國知名出版社理想國／廣西師大出版社在二〇一〇年九月中於北京舉辦了一個理想國文化沙龍，其中一場是由我和賈樟柯導演進行一場對談。這個對談的刪節版曾經刊登於台灣《天下雜誌》。

**張鐵志**：去年我在台北的時候給賈導做了一個訪談，我們談到這個獨立性的問題，當時我特別欣賞賈導的回答：「堅持獨立性，不被邊緣化。」

我們首先要問，到底什麼叫獨立，它是一種態度、一種精神，還是一種位置？我們為什麼要獨立？獨立的意義是什麼？我們說獨立電影、獨立音樂、獨立書店、獨立媒體、獨立知識份子，到底是獨立於什麼東西呢？我認為，獨立最重要的是精神，而不是位置。

從個人來說，尤其是創作者，我們要維持獨立性首先是為了維持創作者思考的尊嚴，以及想像力的開發。如果我們為了市場媚俗，或者被這些權力收買，也就是說如果我們的創作是因為我們知道有一個成功的模式，知道能討好市場，或者今天知道與政府合作就會獲得利益的話，那麼很顯然我們會在思考上怠惰，而且自我限制更多想像力的可能。

從社會來說，我想舉幾個例子，比如說獨立音樂。獨立音樂的存在並不是說獨立音樂好聽，主流音樂比較難聽。其實不一定。但是獨立音樂的存在是為了這個社會有更多元的聲音，而不是說只有一種音樂的可能，一種美學的想像。因此這個社會能更眾聲喧譁。所以維持獨立音樂的土壤是重要的，讓這個世界上有更多不同的聲音出來。同樣，獨立電影的存在是因為我們希望不是只有一種主旋律電影，只有好萊塢或者商業大片這種美學。所以惟有各種獨立電影的存在，我們才會看到電影工作者去挖掘不同的題材，去創造不同的美學。

說到底，這些獨立文化和創作者其實是為了追求個人思想的解放，是讓人的精神和創造力有更多發揮的可能。所以談獨立精神的問題不止是文化創作者要面對，而是每個人都要面對的課題。

面對一個以各種廣告、宣傳來模塑我們價值與需求的消費社會，面對一個不斷透過由教育、傳媒、主旋律文化來控制我們觀念與意識形態的政治體制，我們更要小心謹慎的保持獨立。

所以維持一個人文化創作的獨立跟維持一個人政治思考的獨立是同樣的精神。我剛說到社會應該有更多的獨立文化，而不是完全被主流體系、主流價值所支配，這指的是文化領域。可是另一方面，一個政治公共領域不是也應該讓各種聲音百花齊放，讓各種異議的聲音都有出來的可能性嗎？

一些剛認識我的人會覺得這個人有點奇怪，一方面這個人寫獨立音樂如盧廣仲、張懸，但是另一方面這個名字又在媒體上寫國際政治經濟評論到台灣政治問題，曾有人會疑惑說這是不是同一個張鐵志？

對我來說這兩者當然有連結的，在第一個層次上，任何文化創作，音樂也好，電影也好，它們一方面都被時代所影響，另一方面它們也反過來記錄、介入這個時代，賈導的電影就非常清楚。一開始從他拍攝的主題是他居住的縣城，但是他其實意圖記錄整個中國社會轉型的複雜跟矛盾。我自己則一直會關注音樂人怎麼樣去記錄或者去反思他們所處的時代。

在另一個層次上，我一方面關心獨立音樂，另一方面關注社會運動、人權問題等等，其實這兩個都是一樣的精神，這個精神就是去抵抗主流體制。今天我們談獨立文化、獨立創作，要抵抗的是主流美學、主流文化、主流價值，同樣的當我們談社會運動，關心弱勢群體的時候，要抵抗主流的政治體制對這些少數人，對異議份子的壓迫。所以對我來說這兩者背後的精神是一致的。

第二，我要談位置的問題。獨立文化的創作者該與主流商業體制保持怎麼樣的一個關係。我們看到歷史上太多的例子是，一個人一開始可能是搞獨立文化的，然後因為他抓住這個時代的想像而被很多人所喜歡，紅了。於是他們面臨一個難題：該怎麼面對主流體制的關係。面對突如其來的成功，他們可能會陷入一段不確定的困惑期：有人順著市場走成為一個市場上的巨星，也有人可能願意繼續默默做他的音樂、電影，繼續探索藝術的邊界跟可能性。當然，與主流體制的合作是有兩面性的，今天你在主流的唱片或者電影公司發行，你可能可以獲得更大的影響力，另一方面你可能妥協掉很多的自主性。

我們今天主題是說你能獨立嗎，但與其要問你能獨立嗎，我覺得更重要的是這個社會體制能讓人有獨立存在的空間嗎？我們期待的是有多元的聲音出現，而不是一元的美學、一元的想像、一元化的聲音，不論這個一元化是來自政治體制的強迫還是商業體制的收編。

**賈樟柯**：上一次跟鐵志聊天也是去年的十月份，一年之後又從台北到北京來聊這些問題。一年過去了，上一次聊到最後有一個主題堅持獨立性絕不邊緣化，但是一年過去了，我聽到很多聲音，也看到各種各樣的意見。

目前來說有一種非常強烈的焦慮，往往獨立藝術，無論是獨立音樂還是獨立電影，在世俗的數字裡面顯得非常少數，比如它的發行量、它的票房。我聽到最多的是一種疑惑，既然這樣的藝術分享的人非常少，那麼有存在的必要嗎？中國十幾億人口，一本小說才出版三千冊或者五千冊，電影上映一星期大概才一兩萬人觀看，你的唱片才賣五百張，這樣的藝術為什麼要做下去呢？或者說做這種藝術的目的是什麼？這樣的問題恰恰是我們所說的堅持獨立性最大的一個挑戰。

這樣的一個疑問背後是這個時代非常重要的特徵，就是實用主義。因為他要看到受眾的人群，比如你有六七億的票房才有它存在的價值，或者說有幾百萬冊的銷量才有存在的價值。這裡有一個問題，一個藝術也好，或者一個作品也好，它發生它的作用的時候是在什麼層面發生的，它是深刻的影響每個大眾才能夠發揮它的作用？還是說它成為一種聲音，這種聲音，有跟無是非常大的界限。

我今天上午還在舉一個例子，比如說在八〇年代，那時候還沒有市場化，八〇年代有一個非常著名的喜劇叫《喜迎門》，非常主流的一個故事，但是有喜劇在裡面。那個年代有一個多億的收入，那個時代票價兩毛錢一張，你想有多少人觀看？但是同樣一個時代產生的電影《黃土地》有多少人觀看？這兩個電影在三十年前分享它的人數差異天壤之別，但是三十年過後我們發現，《黃土地》給中國電影或者中國文化帶來的影響，當然比主流描繪的農村生活、喜氣洋洋的電影帶來的文化動力強得多。所以即使從功利仕途的角度來反思獨立工作，我覺得我們也應該相信一個作品產生之後自身作品裡面飽含的熱量，它不因為觀看的人少熱量的價值就受到損害，相反它可能只被少數人接受，但是它可能在文化上引起反響和作用是非常大的。

問題就在於如果我們在考量獨立藝術的時候，如果只是從實用主義量化的角度去考慮的時候，我們往往會陷入到一個失望、失落，陷入到一種虛無裡面，這時候很多獨立藝術家後來就會陷入到主流的懷抱裡面。我們從我們尊敬的第五代導演的工作就能看到，他們曾經拍過那樣的電影，到了九〇年代之後全部轉到主流電影拍攝裡面。從一個極端的虛無努力融入到巨大的主流價值裡面，最後認同於國家主義，認同於民族主義，跑到另一個極端。

在這個時候真正強大的是自我，你怎麼樣能夠保持你這個自我，在各種環境跟氛圍裡能夠知道你工作的重點是什麼，這也是最終能否堅持獨立性的非常重要的一點。如果你沒有真正獨立的強大的自由，你很容易被改變、被影響，很容易進入到虛無的境遇裡面。

回顧中國的獨立藝術，我從中學畢業那年正好經歷了八九年，談到中國的獨立藝術你很難不回到那個年代，因為在那個年代之前，幾乎八〇年代我們沒有自覺的認識，幾乎所有人都生活在體制裡。但是八九年那個事件之後，開始有人反叛體制，開始知道體制本身對創造或者對人的一種壓抑。四九年建政以後，很多藝術家變成政府的聲音，變成黨的聲音。這樣一個長時間的過程裡，中國的藝術，無論是音樂、電影還是文學，中間的作者主體上慢慢消失了，無論是語言的獨特性還是一種個人經驗，還是一種個人的批判、個人立場，都缺少了。而缺少的這部分恰恰是藝術最重要的一部分。一直到八九年之後開始有了獨立藝術家，大家非常想做的一件事情是使藝術重新獲得自我，我們批判的權力，我們對所處的時代發生的問題的一種真實的反映。

八九年之後逐漸的從文學，包括有很多自由的作家，開始有了獨立電影，最早的像張元、王小帥那撥人，大家逐漸的開始嘗試做基本的工作，就是把自我找回來，使我們的電影有一個主人，這個主人是一個個人。這一點也形成了後面很多誤解，因為我們長期接觸那些革命文藝的時候，找不到個人，所以當個人出現在電影裡面的時候，人們就會覺得那是個很過分的東西，就變成經常批評獨立藝術。因為我覺得任何個人角度的講述都有可能存在幼稚的地方，但是任何個人的講述都是尊貴的，因為它來自一個人的誠實的反映，我們通過一個作品就是想了解作者他的精神、他的觀察。這樣的話保護跟形成強大的自我，而不是盲目的追尋一種主流價值。反過來說我們在堅持獨立性的時候，並不是與主流價值作對，並不是對抗的關係，而是說保持一種距離，保持一種質疑的精神。即使在主流價值裡面，或許也有相重合的部分，我一直堅持這樣一種觀點，實際上是我這幾年工作裡一直受到批評的部分，反而變得說你沒有立場。比如如果我們認同環保的價值，現在政府也在提倡環保，民間也在提倡環保，難道這個價值是對抗的嗎？其實不是對抗的。堅持獨立性有一點，其實是應該在獨立精神基礎上保持開放的心態，不要變成一個獨立秀，變成一種正義。

另一方面我一直在堅持盡量把自己的工作在更有效的途徑上推廣。當然獨立藝術因為它的獨立態度，可能受眾會不多，但是這是一個現實，是我們不會動搖自己工作的一種認識，但同時也不妨礙我們盡量的去把自己的聲音和自己的工作在有效的途徑裡面推廣開。比如說我不會拒絕我的電影在電影院的發行，我不認為發行不了的電影就是獨立電影，獨立電影一樣可以發行，一樣可以在商業院線去放映。總之中國處在一個轉型時期，互相矛盾、相對質疑的氛圍裡的時候，真正的獨立性不是喊口號，不是站隊，不是自畫地盤，不是占到某個陣營，而是說用你自己強大的自我的心理去感受，去發出你認為自己應該發出的誠實的聲音，這才是獨立。

INK PUBLISHING 文學叢書 510

# 燃燒的年代──獨立文化、青年世代與公共精神

作　　者　張鐵志
總 編 輯　初安民
責任編輯　宋敏菁
美術編輯　陳淑美
校　　對　吳美滿　張鐵志　宋敏菁

發 行 人　張書銘
出　　版　INK 印刻文學生活雜誌出版有限公司
新北市中和區建一路249號8樓
電話：02-22281626
傳真：02-22281598
e-mail:ink.book@msa.hinet.net
網　　址　舒讀網 http://www.sudu.cc

法律顧問　巨鼎博達法律事務所
施竣中律師
總 代 理　成陽出版股份有限公司
電話：03-3589000（代表號）
傳真：03-3556521
郵政劃撥　19000691 成陽出版股份有限公司
印　　刷　海王印刷事業股份有限公司

港澳總經銷　泛華發行代理有限公司
地　　址　香港新界將軍澳工業邨駿昌街7號2樓
電　　話　852-2798-2220
傳　　真　852-2796-5471
網　　址　www.gccd.com.hk

出版日期　2016年 11月 初版
ISBN　978-986-387-128-6

定　　價　320元



國家圖書館出版品預行編目(CIP)資料

燃燒的年代──獨立文化、青年世代與公共精神
／張鐵志著. --初版. --新北市：INK印刻文學,
2016. 11　面；14.8×21公分. --（文學叢書；510）
ISBN　978-986-387-128-6（平裝）

1.中國文化 2.文化評論 3.文集

541.26207　105018761